당신의 삶을 근본적으로 변화시킬 100가지 질문

초역 100인의 조언

daily new action

지은이   디엔에이

필명 디엔에이(dna)는 'Daily New Action'의 약자로, 이는 생명체가 DNA를 통해 고유한 특성을 이어가고 진화하듯, 개인의 성장과 변화도 매일의 작은 행동들이 축적되어 만들어진다는 믿음을 담고 있다.

개인의 성장과 목표 달성을 돕는 플래너, 노트, 달력, 다이어리, 필사노트 등을 제작하고 있다. 작은 일상의 실천이 삶의 큰 변화로 이어진다는 믿음을 바탕으로, 사람들이 자신만의 성장 스토리를 써나갈 수 있도록 돕고 있다.

2025년 출판사를 창업하며 첫 번째 책으로 '초역 100인의 조언'을 세상에 내놓는다. 독자의 책장에서 먼지만 쌓이는 책이 아니라, 삶의 동반자가 되는 책을 만들고자 한다.

디엔에이
daily new action

디엔에이의 제품 구매 및
문의사항은 QR코드 스캔

당신의 삶을 근본적으로 변화시킬 100가지 질문

초역
100인의 조언

디엔에이 지음

daily new action

| 프롤로그

나는 왜 이렇게 살고 있는가?

우리는 그 어느 때보다 많은 정보에 둘러싸여 있지만, 역설적이게도 정작 '어떻게 살아야 하는지'에 대한 명확한 답은 찾지 못한다. 사실 우리 모두는 각자 다른 생각과 가치관을 가지고 있기 때문에 '이렇게 살아야 한다'는 정답은 애초에 존재하지 않는다.

문제는 우리가 가지고 있는 '이렇게 살아야 한다' 또는 '이렇게 살고 싶다'는 생각과 가치관 자체가 살아온 경험과 배운 지식이라는 한정적인 정보에 의해 굳어졌다는 점이다. 마치 좁은 렌즈를 통해서만 세상을 보는 것처럼, 우리는 자신이 아는 세상이 전부라고 믿는다.

더 근본적인 문제는 따로 있다. 설령 원하는 삶의 방향이 있어도 그렇게 살지 못하는 경우가 허다하다는 것이다. 변화에 대한 두려움, 주변의 시선, 당장 해결해야 할 현실적인 문제들 때문에 용기를 내지 못하는 경우가 대부분이기 때문이다.

게다가 현대의 일상은 생각할 여유를 주지 않는다. 반복되는 일상, 쌓여만 가는 해야 할 일들, 넘쳐나는 미디어 속에서 우리는 정작 '어떻게 살고 싶은가'에 대한 질문을 잊고 산다. 막연히 '이렇게 살면 좋겠다'고 생각하지만, 삶의 방향에 대해 진지하게 고민하는 시간을 갖는 이는 많지 않다. 우리는 이러한 현실에 갇혀, 진정으로 원하는 삶의 방향을 깊이 고민할 여유를 잃어버리는 것이다.

하지만 삶은 우리가 지금 알고 있는 것보다 훨씬 더 넓고 다채롭다. 우리는 좁은 시야를 넓히고 새로운 가능성의 문을 열어줄 새로운 지혜와 용기가 필요하다.

100명의 멘토가 전하는
100개의 목소리

이 책은 100명의 위대한 인물들이 남긴 100개의 조언을 통해 당신의 렌즈를 바꾸고 굳게 닫힌 문을 열어줄 새로운 질문들을 던진다.

각 장은 '시작과 실행'에서 출발해 '꿈과 목표', '실패와 극복', '노력과 인내', '관계와 신뢰', '사랑과 행복', '지혜와 철학', '자유와 독립', '죽음과 삶', 그리고 '운명과 초월'로 나아가며, 이는 곧 인생의 여정을 닮아 있다. 처음에는 한 걸음을 내딛는 용기를 배우고, 이어서 삶을 깊이 바라보는 통찰을 얻으며, 마침내 자신만의 삶을 자유롭게 선택하는 데 한 걸음 더 다가가게 될 것이다.

각 조언에는 원문과 번역, 그리고 그 말을 남긴 인물의 삶이 함께 소개된다. 더 나아가, 각 조언의 의미를 깊이 있는 에세이 형식으로 풀어내, 독자가 자신만의 질문을 만들고 사색하는 과정을 통해 삶에 대한 주체적인 생각들을 펼쳐나갈 수 있도록 구성했다.

이 여정을 통해 당신은 새로운 질문들을 만나게 될 것이다. '어떻게 하면 성공할까?'가 아니라 '나에게 성공이란 무엇인가?'를. '어떻게 하면 실패하지 않을까?'가 아니라 '실패에서 무엇을 배울 수 있을까?'를. '어떻게 하면 사랑받을까?'가 아니라 '진정으로 사랑한다는 것은 무엇인가?'를. '나의 운명은 정해져 있을까?'가 아니라 '나는 어떤 삶을 선택할 것인가?'를 묻게 될 것이다.

쓰며 배우는 지혜의 여정

이 책과 함께, 책 속의 조언을 필사하며 당신의 생각과 감정을 기록할 수 있는 《초역 100인의 조언 필사책》도 함께 출시했다.

위대한 멘토들의 지혜를 직접 써가며 새로운 이야기로 완성해 보기를 추천한다. 단순한 기록을 넘어, 조언에 대한 당신의 해석과 느낀 점을 더해가다 보면, 세상에 단 하나뿐인 당신만의 책이 완성될 것이다.

이 책이 당신이 진정으로 원하는 삶의 방향을 찾고, 새로운 길을 시작할 수 있는 기회가 되기를 바란다.

Contents.

04 • 프롤로그

01 시작과 도전에 관한 조언

20 • 후회 없는 항해를 위하여
　　H. 잭슨 브라운 주니어(H. Jackson Brown Jr.)

22 • 세상을 움직이는 작은 지렛대
　　아르키메데스(Archimedes)

24 • 미지의 문 앞에서
　　존 F. 케네디(John F. Kennedy)

26 • 두려움이라는 이름의 동반자
　　랄프 왈도 에머슨(Ralph Waldo Emerson)

28 • 첫 번째 숨과 첫 번째 걸음
　　알버트 슈바이처(Albert Schweitzer)

30 • 오늘이라는 완전한 삶
　　세네카(Seneca the Younger)

32 • 믿음에서 피어나는 첫 발걸음
　　요한 볼프강 폰 괴테(Johann Wolfgang von Goethe)

34 • 시작의 비밀은 동기가 아닌 습관
　　피터 드러커(Peter Drucker)

36 • 미루지 않는 삶
　　벤자민 프랭클린(Benjamin Franklin)

38 • 움직임이 주는 마법
　　노먼 빈센트 필(Norman Vincent Peale)

02 꿈과 목표에 관한 조언

- 42 • 보이지 않는 미래를 그리는 법
  토니 로빈스(Tony Robbins)
- 44 • 아름다운 꿈이 만드는 미래
  엘리너 루스벨트(Eleanor Roosevelt)
- 46 • 우주와 함께하는 꿈의 여정
  파울로 코엘료(Paulo Coelho)
- 48 • 꿈은 사치가 아니라 필수다
  아나이스 닌(Anaïs Nin)
- 50 • 거대한 꿈이 가진 중력
  로버트 H. 슐러(Robert H. Schuller)
- 52 • 열정을 향한 나침반
  브렌든 버처드(Brendon Burchard)
- 54 • 상상이 현실을 앞서는 순간
  헨리 데이비드 소로(Henry David Thoreau)
- 56 • 예언자가 아닌 창조자가 되라
  마크 트웨인(Mark Twain)
- 58 • 용기라는 마법의 열쇠
  월트 디즈니(Walt Disney)
- 60 • 비전이라는 이름의 꿈
  스티브 잡스(Steve Jobs)

03 실패와 극복에 관한 조언

- **64** • 실패가 쌓아 올린 성공의 탑
  제임스 다이슨(James Dyson)

- **66** • 넘어짐이 가르쳐주는 일어서는 법
  토머스 칼라일(Thomas Carlyle)

- **68** • 실수와 용서 사이의 인간다운 여정
  알렉산더 포프(Alexander Pope)

- **70** • 바닥에서 발견하는 새로운 기초
  J.K. 롤링(J.K. Rowling)

- **72** • 실패를 감당할 용기
  로버트 F. 케네디(Robert F. Kennedy)

- **74** • 속도보다 중요한 것, 지속성의 힘
  공자(孔子)

- **76** • 실패라는 이름의 발견
  토마스 에디슨(Thomas Edison)

- **78** • 거절 너머에 있는 기회
  할랜드 데이비드 샌더스(Harland David Sanders)

- **80** • 포기하지 않는 마음의 원칙
  윈스턴 처칠(Winston Churchill)

- **82** • 고통과 희망이 공존하는 세상
  헬렌 켈러(Helen Keller)

04 노력과 인내에 관한 조언

- 86 • 작은 노력이 쌓아 올리는 기적
  로버트 콜리어(Robert Collier)
- 88 • 끈기라는 이름의 무적의 힘
  캘빈 쿨리지(Calvin Coolidge)
- 90 • 노력의 밤이 만든 위대함
  헨리 워즈워스 롱펠로(Henry Wadsworth Longfellow)
- 92 • 인내 속에서 피어나는 천재성
  미켈란젤로 부오나로티(Michelangelo Buonarroti)
- 94 • 끈기라는 승리의 열쇠
  나폴레옹 보나파르트(Napoleon Bonaparte)
- 96 • 우연을 부르는 준비의 힘
  루이 파스퇴르(Louis Pasteur)
- 98 • 끝까지 버티는 자의 승리
  존 D.록펠러(John D. Rockefeller)
- 100 • 노력을 존중하며 쌓는 진정한 힘
  클린트 이스트우드(Clint Eastwood)
- 102 • 멈추지 않는 발걸음의 힘
  에이브러햄 링컨(Abraham Lincoln)
- 104 • 인내라는 성공의 뿌리
  지미 카터(Jimmy Carter)

05 관계와 신뢰에 관한 조언

108 • 이해라는 관계의 출발점
칼 로저스(Carl Rogers)

110 • 진정한 공감의 본질
찰스 R. 스윈돌(Charles R. Swindoll)

112 • 신뢰라는 깨지기 쉬운 보물
워런 버핏(Warren Buffett)

114 • 함께한다는 것의 힘
로리 데셔네(Lori Deschene)

116 • 믿음이라는 관계의 기초
사이먼 시넥(Simon Sinek)

118 • 관점의 전환이 만드는 이해
하퍼 리(Harper Lee)

120 • 진실이라는 신뢰의 씨앗
브레네 브라운(Brené Brown)

122 • 감정을 넘어선 깊은 이해
마셜 로젠버그(Marshall Rosenberg)

124 • 경청이라는 관계의 시작
어니스트 헤밍웨이(Ernest Hemingway)

126 • 선물이면서 동시에 책임인 관계
마가렛 미드(Margaret Mead)

06 사랑과 행복에 관한 조언

130 • 조건 없는 사랑의 아름다움
　　　오스카 와일드(Oscar Wilde)

132 • 조화로운 삶에서 피어나는 행복
　　　마하트마 간디(Mahatma Gandhi)

134 • 연습으로 완성되는 사랑의 기술
　　　에리히 프롬(Erich Fromm)

136 • 지금, 여기에 머무는 행복
　　　에크하르트 톨레(Eckhart Tolle)

138 • 무관심이라는 가장 깊은 어둠
　　　테레사 수녀(Mother Teresa)

140 • 가진 것에 기뻐하는 지혜
　　　에픽테토스(Epictetus)

142 • 행복과 불행의 서로 다른 법칙
　　　레프 톨스토이(Leo Tolstoy)

144 • 치유하는 사랑의 힘
　　　마야 안젤루(Maya Angelou)

146 • 사랑이 만드는 아름다운 세상
　　　안네 프랑크(Anne Frank)

148 • 나눔이 만드는 진정한 행복
　　　지그 지글러(Zig Ziglar)

07 지혜와 철학에 관한 조언

- **152** • 생각하는 존재로서의 나
  르네 데카르트(René Descartes)

- **154** • 일상을 철학하는 삶
  알랭 드 보통(Alain de Botton)

- **156** • 무지의 지혜
  소크라테스(Socrates)

- **158** • 사유하는 법을 배우는 여정
  임마누엘 칸트(Immanuel Kant)

- **160** • 인생의 의미보다 중요한 것
  아르투르 쇼펜하우어(Arthur Schopenhauer)

- **162** • 명확한 생각을 위한 철학
  루드비히 비트겐슈타인(Ludwig Wittgenstein)

- **164** • 내면에서 발견하는 진리
  아우구스티누스(Aurelius Augustinus)

- **166** • 현실을 받아들이는 지혜
  마르쿠스 아우렐리우스(Marcus Aurelius)

- **168** • 상상력이라는 지혜의 원천
  알버트 아인슈타인(Albert Einstein)

- **170** • 의심에서 시작되는 진실의 길
  프리드리히 니체(Friedrich Nietzsche)

08 자유와 독립에 관한 조언

- **174** • 두려움의 사슬을 끊는 자유
  아멜리아 에어하트(Amelia Earhart)
- **176** • 인간의 본성적 자유
  존 로크(John Locke)
- **178** • 투쟁을 통해 얻는 진정한 자유
  칼 마르크스(Karl Marx)
- **180** • 모든 지배에서 자유로운 내면
  에이브러햄 조슈아 헤셸(Abraham Joshua Heschel)
- **182** • 자유와 책임의 무거운 관계
  넬슨 록펠러(Nelson Rockefeller)
- **184** • 독립이 열어주는 새로운 가능성
  토머스 페인(Thomas Paine)
- **186** • 지식이 가져다주는 해방
  버트런드 러셀(Bertrand Russell)
- **188** • 책임지는 선택으로서의 독립
  시몬 드 보부아르(Simone de Beauvoir)
- **190** • 쟁취하는 자유의 가치
  프랭클린 D. 루스벨트(Franklin D. Roosevelt)
- **192** • 제약 속에서 발견하는 진정한 자유
  미셸 푸코(Michel Foucault)

09 죽음과 삶에 관한 조언

- 196 • 죽음이라는 불가사의 앞에서
  에피쿠로스(Epicurus)
- 198 • 시간의 깊이를 만드는 삶
  장 자크 루소(Jean-Jacques Rousseau)
- 200 • 유한함이 주는 무한한 소중함
  존 키츠(John Keats)
- 202 • 경험으로 채워가는 삶의 의미
  버지니아 울프(Virginia Woolf)
- 204 • 삶을 사랑하는 지혜
  프랜시스 베이컨(Francis Bacon)
- 206 • 유산으로 완성되는 삶의 의미
  스티븐 코비(Stephen Covey)
- 208 • 죽음을 수용하는 삶의 철학
  알베르 카뮈(Albert Camus)
- 210 • 변화하는 존재로서의 삶
  질 들뢰즈(Gilles Deleuze)
- 212 • 선택으로 완성되는 인생의 의미
  장 폴 사르트르(Jean-Paul Sartre)
- 214 • 예술로 영원을 만드는 삶
  마르셀 뒤샹(Marcel Duchamp)

10 운명과 초월에 관한 조언

- **218** • 의식적 선택으로 만드는 운명
  바바라 마르크스 허버드(Barbara Marx Hubbard)
- **220** • 내 안에 숨어있는 보물
  루미(Rumi)
- **222** • 타인의 얼굴에서 발견하는 운명
  에마뉘엘 레비나스(Emmanuel Levinas)
- **224** • 노력으로 만드는 운명의 초월
  마이클 조던(Michael Jordan)
- **226** • 무의식을 통해 운명을 초월하는 길
  칼 융(Carl Jung)
- **228** • 각성으로 바꾸는 운명의 흐름
  라마나 마하리시(Ramana Maharshi)
- **230** • 변화 가능한 운명, 실현 가능한 초월
  토니 모리슨(Toni Morrison)
- **232** • 영적 존재로서의 인간적 여정
  테야르 드 샤르댕 (Pierre Teilhard de Chardin)
- **234** • 타인을 배려하는 자유로운 운명
  존 스튜어트 밀(John Stuart Mill)
- **236** • 별의 인도를 받는 자신만의 길
  단테 알리기에리(Dante Alighieri)

- **238** •   에필로그

01

시작과 도전에 관한 조언

위대한 여정은 언제나 첫걸음에서 시작된다.
후회 없는 인생을 위해서는 완벽한 준비를 기다리기보다
용기 있는 첫걸음을 내딛는 것이 중요하다.
세상을 움직이는 힘은 거창한 계획이 아닌
우리 안의 작은 행동에서 시작된다.

두려움은 우리의 그림자와 같다.
결코 사라지지 않으며
우리가 앞으로 나아갈 때마다 뒤따라온다.
두려움을 인정하고 함께 걸어가는 순간
우리는 진정한 성장의 길에 들어선다.

시작의 진정한 비밀은 거창한 동기가 아닌, 꾸준한 습관에 있다.
오늘 하루를 온전히 살아가고 미루지 않는 삶이야말로
성공으로 향하는 가장 확실한 열쇠다.
믿음에서 피어나는 작은 움직임 하나가
우리에게 놀라운 마법을 선사할 것이다.

후회 없는 항해를 위하여

H. 잭슨 브라운 주니어 (H. Jackson Brown Jr., 1940-2021)

20년 후 당신은 했던 일보다 하지 않았던 일을 더 후회할 것이다. 그러니 밧줄을 풀고 안전한 항구를 떠나라. 순풍을 받아 돛을 펴라. 탐험하고, 꿈꾸고, 발견하라.

Twenty years from now you will be more disappointed[1] by the things you didn't do than by the ones you did do. So throw off the bowlines[2], sail away from the safe harbor. Catch the trade winds[3] in your sails.
Explore, Dream, Discover.

미국의 베스트셀러 작가인 H. 잭슨 브라운 주니어는 《인생의 작은 지침서》로 전 세계적으로 유명해진 인물이다. 그는 아들이 대학에 입학할 때 인생의 지혜를 담은 조언들을 모아 책으로 펴냈는데, 이것이 수백만 부가 팔리는 대히트작이 되었다.

이 조언은 안전함에 안주하려는 인간의 본능과 모험을 향한 갈망 사이의 갈등을 항해의 은유로 표현하며, 도전하지 않는 것에 대한 후회가 실패보다 더 큰 상처가 된다는 인생의 진리를 담고 있다.

01 시작과 도전에 관한 조언

항구는 배가 머물기에 가장 안전한 곳이지만
배가 만들어진 목적은 항구에 정박하는 것이 아니다.

우리 인생도 마찬가지다.
편안하고 예측 가능한 일상에만 머무른다면 위험은 없겠지만
진정한 성장은 기대하기 어렵다.

젊을 때 우리를 짓누르는 것이 실패에 대한 두려움이라면
나이가 들수록 깨닫는 것은 시도조차 하지 않은 삶에 대한 후회다.

그 후회는 실패의 쓰라림보다 훨씬 오래, 더 깊숙이 마음을 파고든다.

왜냐하면 실패는 최소한 노력의 흔적이라도 남기지만
시도하지 않은 일은 영원히 '만약에'라는 가정으로만 남기 때문이다.

조언 출전 ｜ H. Jackson Brown Jr., 《P.S. I Love You》(1990) 수록으로 알려짐

1) disappointed : 실망한, 낙담한 2) bowlines : 밧줄, 계선줄
3) trade winds : 무역풍, 정기풍

#후회없는도전 #삶은항해다 #모험하는용기   21

세상을 움직이는 작은 지렛대

아르키메데스 (Archimedes, 287-212 BC)

나에게 충분히 긴 지렛대와
그것을 놓을 받침점을 달라.
그러면 나는 세상을 움직이겠다.

Give me a lever[1] long enough
and a fulcrum[2] on which to place it
and I shall move the world.

고대 그리스 최고의 수학자이자 물리학자, 발명가였던 아르키메데스는 부력의 법칙과 지렛대 원리를 발견한 과학사의 거인이다. 그는 수학적 원리를 실생활에 응용하여 놀라운 발명품들을 만들어냈으며, 특히 로마군의 침입에 맞서 시라쿠사를 방어하는 각종 무기를 고안했다.

이 조언은 지렛대의 원리를 발견한 후 그 무한한 가능성에 대한 확신을 담아 한 말로, 작은 힘으로도 거대한 것을 움직일 수 있다는 물리학적 진리를 철학적 통찰로 승화시킨 것이다.

01 시작과 도전에 관한 조언

새로운 시작 앞에서 우리는 늘 두 가지 감정 사이를 오간다.

무언가를 이루고자 하는 뜨거운 열망이 있는가 하면
자신의 작은 힘으로 과연 무엇을 해낼 수 있을지 막막함도 있다.

거대한 목표 앞에 선 자신이 초라해 보이고
첫걸음을 떼기도 전에 이미 지쳐버리곤 한다.

하지만 중요한 것은 힘의 크기가 아니라
그 힘을 어디에, 어떻게 집중하느냐다.

바위를 맨손으로 밀면 꿈쩍도 하지 않지만
작은 지렛대 하나만 있으면 그 무거운 덩어리도 움직일 수 있다.

도전의 핵심은 자신만의 지렛대를 찾는 일이다.
남들이 보기에는 하찮아 보이는 재능이나 경험이
바로 당신이 세상을 움직일 수 있는 고유한 도구가 될 수 있다.

조언 출전 | 아르키메데스(Archimedes)의 플루타르코스 《영웅전》 「마르켈루스」편
1) lever : 지렛대 2) fulcrum : 받침점, 지렛목

#나만의지렛대 #작은힘큰변화 #세상을움직이는지혜

미지의 문 앞에서

존 F. 케네디 (John F. Kennedy, 1917-1963)

미지의 도전을 두려워하지 마라.
새로운 시작은 항상
미지의 영역에서 시작된다.

Do not fear the unknown challenges[1].
New beginnings always start
in uncharted[2] territory.

제35대 미국 대통령 존 F. 케네디는 냉전 시대 미국을 이끌며 쿠바 미사일 위기를 해결하고 달 탐사 계획을 추진한 카리스마 넘치는 지도자였다. 그는 43세의 젊은 나이에 대통령이 되어 "뉴 프런티어(New Frontier)" 정책을 내세우며 미국인들에게 새로운 도전 정신을 불어넣었다.

이 조언은 그의 진보적 사고와 미래 지향적 리더십을 보여주며, 익숙함의 안전지대를 벗어나 새로운 영역으로 나아가는 것이야말로 진정한 발전의 시작이라는 철학을 담고 있다.

01 시작과 도전에 관한 조언

시작이라는 것은 본질적으로 미완성의 상태다.
모든 조건이 완벽하게 갖춰지길 기다린다면 영원히 시작할 수 없다.

새로운 기술을 배우려면 서툰 초보의 시간을 견뎌야 하고
새로운 관계를 맺으려면 서로를 알아가는 어색함을 감수해야 한다.

이 불완전함이 불편하지만, 바로 그곳에서 진정한 학습이 일어난다.

미지의 도전 속에서 우리는 자신도 몰랐던 능력을 발견하고
예상치 못한 해결책을 찾아낸다.

계획대로 되지 않는 상황들이 오히려
우리를 더 창의적이고 유연한 사람으로 만든다.

조언 출전 | 존 F. 케네디 대통령의 연설 주제인 '새로운 개척'정신에 부합한 인용문
1) challenge : 도전, 어려운 과제 2) uncharted : 미지의, 지도에 없는

#불완전한시작 #새로운개척정신 #어색함속의성장

두려움이라는 이름의 동반자

랄프 왈도 에머슨 (Ralph Waldo Emerson, 1803-1882)

두려움 때문에 새로운 시작을 미루지 마라.
모든 새로운 시작은 본래 두려운 법이다.

Do not postpone[1] new beginnings because of fear. All new beginnings are frightening by nature.

19세기 미국 초월주의 철학의 아버지인 랄프 왈도 에머슨은 개인의 직관과 자립정신을 강조한 사상가이자 시인이다. 하버드 신학대학원을 졸업한 후 목사가 되었지만, 기존 종교의 형식에 얽매이지 않고 자신만의 철학을 펼쳤다. 그의 대표작 《자립(Self-Reliance)》은 타인의 시선이나 사회적 관습에 휘둘리지 않고 자신의 내면을 믿고 따르라는 메시지를 담고 있다.

이 조언은 새로운 시도 앞에서 느끼는 두려움이 자연스러운 감정임을 인정하면서도, 그것이 행동을 막는 핑계가 되어서는 안 된다는 그의 실용적 지혜를 보여준다.

01 시작과 도전에 관한 조언

행동과 두려움은 동시에 존재할 수 있다.

오히려 가장 용감한 사람들은 두려움을 느끼지 않는 사람이 아니라
두려움을 느끼면서도 행동하는 사람들이다.

심장이 빨리 뛰는 것을 멈추려 하지 말고
그 박동을 리듬 삼아 한 걸음씩 나아가 보자.

시간이 흐르면서 두려움의 강도는 약해지지만
그때까지 기다릴 필요는 없다.

지금 이 순간, 두려움과 손을 잡고 시작해도 충분하다.
완벽한 용기는 환상이지만 불완전한 용기는 현실이다.

그리고 그 불완전한 용기만으로도 인생은 충분히 바뀔 수 있다.

조언 출전 | 에머슨의 《자립(Self-Reliance)》에서 전개된 사상을 보여주는 함축적 인용문

1) postpone : 미루다, 연기하다

#두려움과함께걷기 #불완전한용기 #행동이용기다

첫 번째 숨과 첫 번째 걸음

알버트 슈바이처 (Albert Schweitzer, 1875-1965)

삶의 모든 시작은
새로운 도전이다.

Every beginning in life
is a new challenge.

독일 출신의 의사, 신학자, 철학자, 음악가인 알버트 슈바이처는 아프리카 가봉에서 평생을 바쳐 의료 봉사를 한 20세기의 성인으로 불린다. 그는 유럽에서 성공적인 학자이자 음악가로 활동하다가 30세에 의학을 다시 공부해 아프리카로 떠났다. 1952년 노벨평화상을 수상한 그의 삶 자체가 끊임없는 새로운 시작과 도전의 연속이었다.

이 조언은 삶의 매 순간이 선택과 변화의 기회이며, 그 자체로 하나의 모험이라는 그의 실존적 통찰을 담고 있다.

01 시작과 도전에 관한 조언

아침마다 눈을 뜨는 일조차 사실은 하나의 도전이다.

어제와 같은 하루를 반복할 것인가
아니면 조금이라도 다른 선택을 해볼 것인가.

인생은 첫 번째 숨과 첫 번째 걸음부터 시작되는
연속된 첫 경험들의 집합체다.

첫 학교, 첫 직장, 첫 사랑, 첫 이별, 그리고 수많은 첫 시도들
각각의 시작마다 우리는 조금씩 다른 사람이 되어간다.

오늘도 당신 앞에는 새로운 선택의 순간들이 기다리고 있다.
그중 하나라도 평소와 다르게 시도해보자.

작은 변화가 쌓여 큰 변화가 되고
작은 도전이 모여 새로운 인생이 된다.

조언 출전 | 알버트 슈바이처의 "삶과 생명에 대한 경외" 사상에서 파생된 문장

#매일의첫걸음 #작은도전큰변화 #불완전한시작

오늘이라는 완전한 삶

세네카 (Seneca the Younger, 4 BC – 65 AD)

그러니 나의 친애하는 루킬리우스여
즉시 삶을 시작하고, 매일을 하나의 온전한 삶으로 여겨라.

Therefore, my dear Lucilius, begin to live immediately, and count each day as a complete life.

고대 로마의 철학자이자 정치가였던 세네카는 스토아 철학의 거장으로, 네로 황제의 스승이기도 했다. 그의 《도덕적 편지》는 친구 루킬리우스에게 보낸 124편의 편지로 구성된 철학적 서간집이다. 이 저작에서 세네카는 일상의 구체적인 문제들을 통해 어떻게 지혜롭게 살 것인가를 탐구했다.

이 조언은 77번째 편지에서 시간의 소중함과 현재 순간의 완전성에 대해 논하며 나온 것으로, 내일을 위해 오늘을 희생하는 삶의 허상을 지적하고 지금 이 순간을 온전히 살아내는 철학적 태도를 강조한다.

01 시작과 도전에 관한 조언

우리는 삶을 준비하느라 정작 살지 못하는 역설에 빠져 있다.

좋은 학교에 가기 위해 어린 시절을 공부에만 바치고
좋은 직장을 위해 청춘을 스펙 쌓기에 소모하며
은퇴 후의 여유를 위해 중년을 돈 모으기에 허비한다.

언제나 '진짜 삶'은 미래에 있고
지금은 그저 그곳에 도달하기 위한 징검다리라고 착각한다.

하지만 삶은 목적지가 아니라 여행 그 자체다.

미래를 위한 준비에만 몰두하다 보면
어느새 준비 자체가 삶의 전부가 되어버린다.

진정한 비극은 죽음이 아니라
제대로 살아보지 못한 채 시간만 흘려보내는 것이다.

조언 출전 ｜ 세네카의 저서《도덕적 편지(Moral Letters to Lucilius)》중 77번째 편지

#지금여기가삶이다 #미래를쫓다잃은오늘 #여행이곧목적지

믿음에서 피어나는 첫 발걸음

요한 볼프강 폰 괴테 (Johann Wolfgang von Goethe, 1749-1832)

무엇이든 할 수 있거나 꿈꿀 수 있는 것이 있다면
그것을 시작하라.
대담함에는 천재성, 힘, 그리고 마법이 깃들어 있다.

Whatever you can do or dream you can, begin it.
Boldness[1] has genius[2], power, and magic in it.

독일 문학 사상 최고의 거장인 괴테는 시인, 소설가, 극작가, 자연과학자로서 다방면에 걸쳐 천재적 재능을 발휘했다. 그의 대표작 《파우스트》는 인간의 무한한 욕망과 탐구 정신을 그린 걸작이며, 《젊은 베르테르의 슬픔》으로 유럽 전역에 센세이션을 일으켰다. 또한 색채론, 식물학, 지질학 등 과학 분야에서도 중요한 연구를 남겼다.

이 조언은 상상력과 실행력의 관계에 대한 그의 통찰을 담고 있으며, 꿈꾸는 능력 자체가 이미 그것을 실현할 수 있는 잠재력의 증거라는 믿음을 보여준다.

01 시작과 도전에 관한 조언

상상력은 현실을 앞서간다.

우리가 무언가를 꿈꿀 수 있다는 것 자체가
그것이 불가능한 일이 아니라는 증거다.
인간의 뇌는 경험해 보지 않은 것을 그려낼 수 없기 때문이다.

하지만 꿈만으로는 아무것도 바뀌지 않는다.
상상과 현실 사이의 다리는 바로 행동이다.

오늘 당신이 품고 있는 작은 꿈이 무엇인가?
그것을 현실로 만드는 첫 번째 열쇠는 바로 당신의 손안에 있다.

믿고 시작하라.
시작하는 순간 꿈은 이미 현실이 되기 시작한다.

조언 출전 | 윌리엄 허치슨 머레이가 괴테의 실행과 결단에 관한 사상을 재구성하여 《스코틀랜드 히말라야 원정(The Scottish Himalayan Expedition)》(1951)에 소개된 인용문

1) boldness : 대담함, 배짱 2) genius : 천재성, 재능

#상상에서현실로 #꿈의다리는행동 #믿고시작하라

시작의 비밀은 동기가 아닌 습관

피터 드러커 (Peter Drucker, 1909-2005)

시작하는 데 있어 가장 중요한 것은
동기가 아니라 습관을 형성하는 것이다.
일단 시작하면 동기 부여는 따라온다.

The most important thing in starting
is not motivation[1], but developing habits.
Once you start, motivation will follow.

'현대 경영학의 아버지'로 불리는 피터 드러커는 오스트리아 출신 경영학자로, 평생에 걸쳐 39권의 책을 저술하며 경영 이론의 기초를 확립했다. 그는 목표에 의한 관리(MBO), 지식 근로자 개념 등을 제시하며 20세기 경영 사상에 혁신을 가져왔다. 또한 비영리 조직 경영에도 깊은 관심을 보였으며, 실용적이고 인간 중심적인 접근법으로 유명했다.

이 조언은 개인의 성장과 조직의 변화에서 감정적 동기보다 체계적인 실행 구조가 더 중요하다는 그의 경험적 통찰을 보여준다.

01 시작과 도전에 관한 조언

시작의 비밀은 동기에 의존하지 않는 것이다.

동기가 있을 때만 하려 한다면
동기가 없을 때는 아무것도 할 수 없다.

대신 동기와 상관없이 움직일 수 있는 최소한의 틀을 만들어보자.
중요한 것은 동기와 상관없이 꾸준히 하는 습관을 만드는 것이다.

습관이 자리 잡으면 그 행동 자체가 만족감을 주기 시작하고
그 만족감이 다시 동기가 되어 더 큰 도전으로 이어진다.

동기부여를 기다리기보다 지금 당장 할 수 있는
가장 작은 일부터 규칙적으로 해보자.

움직이는 몸이 멈춰있는 마음을 이끌어갈 것이다.

조언 출전 | 피터 드러커의 경영학 저서와 강연에서 나온 실용적 지혜를 담은 문장

1) motivation : 동기, 의욕

#습관이동기를만든다 #작은실행의힘 #꾸준함의가치

미루지 않는 삶

벤자민 프랭클린 (Benjamin Franklin, 1706-1790)

오늘 할 수 있는 일을
내일로 미루지 말라.

Never leave that till tomorrow
which you can do today.

미국 건국의 아버지 중 한 명인 벤자민 프랭클린은 정치가, 외교관, 발명가, 과학자, 작가로 활동한 르네상스적 인물이다. 그는 피뢰침을 발명하고 전기의 원리를 규명했으며, 미국 독립선언서 기초에 참여했다. 특히 《가난한 리처드의 연감》을 통해 실용적인 삶의 지혜를 대중에게 전파했는데, 이는 근면과 절약을 강조하는 청교도적 가치관을 반영한다.

이 조언은 미루는 습관이 개인의 성취와 사회적 진보를 가로막는다는 그의 실용주의 철학을 단순명료하게 표현한 것이다.

내일은 가장 매혹적인 거짓말쟁이다.

항상 더 나은 조건을 약속하고, 더 충분한 시간을 보장하며
더 완벽한 기회를 예고한다.

그래서 우리는 기꺼이 오늘을 내일에게 양보한다.
하지만 내일이 오면 또 다른 내일이 기다리고 있을 뿐이다.

이렇게 끝없이 미루다 보면 어느새 해야 할 일들이 산처럼 쌓여
그 무게에 짓눌려 움직일 수도 없게 된다.

미루는 행위는 단순히 시간을 뒤로 보내는 것이 아니라
부담을 증폭시키는 복리와 같다.

시간은 저축할 수 없는 자원이다.
오늘 사용하지 않은 시간은 사라져 버리고 내일로 이월되지 않는다.

그런데도 우리는 마치 시간을 통장에 넣어둘 수 있는 듯 착각한다.
우리가 온전히 가질 수 있는 시간은 바로 지금 이 순간뿐이다.

조언 출전 | 벤자민 프랭클린의 《가난한 리처드의 연감(Poor Richard's Almanack)》에 수록된 문장

#미루지말라 #실천의지 #오늘의중요성

움직임이 주는 마법

노먼 빈센트 필 (Norman Vincent Peale, 1898-1993)

불안이나 두려움이 마음을 사로잡을 때
가장 좋은 방법은 즉시 어떤 행동을 시작하는 것이다.

When anxiety[1] or fear grips[2] the mind
the best remedy[3] is to undertake[4] something.

미국의 개신교 목사이자 자기계발서 작가인 노먼 빈센트 필은 긍정적 사고와 실용적 신앙을 결합한 독특한 철학으로 유명하다. 그의 저서 《적극적 사고의 힘》은 전 세계적으로 500만 부 이상 판매되며 현대 자기계발서의 원형이 되었다. 그는 40년간 뉴욕의 마블 교회에서 목회하며 수많은 사람들에게 심리적 치유와 희망을 전했다.

이 조언은 정신적 고통을 극복하는 방법으로 소극적인 회피보다 적극적인 참여를 제시하는 그의 행동 중심적 철학을 보여준다.

01 시작과 도전에 관한 조언

걱정은 생각의 덫이다.

머릿속에서만 맴도는 걱정들은
실제보다 훨씬 크고 무서운 괴물로 자라난다.

아직 일어나지 않은 일에 대한 상상
통제할 수 없는 상황에 대한 염려
타인의 반응에 대한 추측들이
꼬리에 꼬리를 물며 우리를 옥죄어 온다.

이러한 정신적 소용돌이에서 벗어나는 가장 확실한 방법은
몸을 움직이는 것이다.

방 정리, 요리, 산책, 편지 쓰기, 운동 같은 일들은
단순해 보이지만 놀라운 치유력을 가지고 있다.

바쁜 손과 움직이는 몸에는 걱정이 붙어 있을 자리가 없기 때문이다.

조언 출전 | 노먼 빈센트 필의 대표작 《적극적 사고의 힘(The Power of Positive Thinking)》에서 파생된 실용적 조언

1) anxiety : 불안, 걱정 2) grip : 사로잡다, 붙잡다
3) remedy : 치료법, 해결책 4) undertake : 착수하다, 시작하다

#두려움극복 #불안해소 #마음을치유하는실천

· 02 ·

꿈과
목표에
관한
조언

꿈은 단순한 희망이 아니라
인간만이 가진 가장 위대한 능력이다.
보이지 않는 미래를 그려내는 이 힘은
우연이 아닌 필연의 결과를 만들어낸다.

많은 이들이 꿈을 사치라 여기지만
사실 꿈은 살아가는 데 필수적인 요소다.

비전이라는 이름의 꿈은 단순한 상상을 넘어
구체적인 미래의 청사진이 되어 우리를 성장시킨다.

거대한 꿈이 가진 중력은 우리를 이끌고
열정을 향한 나침반이 되어준다.

상상이 현실을 앞서는 순간
우리는 더 이상 단순한 예언자가 아닌
진정한 창조자가 된다.

보이지 않는 미래를 그리는 법

토니 로빈스 (Tony Robbins, 1960-)

목표를 설정하는 것은
보이지 않는 것을 보이게 만드는 첫 번째 단계다.

Setting goals is the first step
in turning the invisible[1] into the visible.

세계적인 성공학 코치이자 동기부여 전문가인 토니 로빈스는 수백만 명의 삶을 변화시킨 자기계발 분야의 거장이다. 그는 신경언어학적 프로그래밍(NLP)을 기반으로 한 독창적인 방법론을 개발했으며, 빌 클린턴, 오프라 윈프리 등 세계적인 인물들의 멘토로 활동했다. 30여 년간 진행해온 세미나와 저서를 통해 개인의 잠재력 개발과 목표 달성 전략을 체계화했다.

이 조언은 막연한 꿈을 구체적인 목표로 전환하는 과정의 중요성을 강조하며, 정신적 청사진이 물리적 현실로 구현되는 메커니즘을 설명한다.

우리의 뇌는 방향이 없으면
제대로 작동하지 않는다.

목적지 없는 여행자처럼
이리저리 헤매기만 할 뿐 진전이 없다.

반면 명확한 목표가 있으면
무의식은 24시간 내내 목표를 달성하기 위한
정보와 기회를 찾아 나선다.

마치 새 차를 사려고 마음먹으면
갑자기 그 차종이 길거리에서 자주 보이는 것처럼.

이것은 우연이 아니라
뇌의 선택적 주의 메커니즘이다.

조언 출전 | 토니 로빈스의 자기계발서 《무한능력(Unlimited Power)》과 각종 세미나에서 강조해온 핵심 메시지

1) invisible : 보이지 않는, 눈에 띄지 않는

#목표설정의힘 #꿈을현실로 #성공의첫걸음

아름다운 꿈이 만드는 미래

엘리너 루스벨트 (Eleanor Roosevelt, 1884-1962)

미래는 꿈의 아름다움을 믿는 이들의 것이다.

The future belongs to those who believe
in the beauty of their dreams.

프랭클린 D. 루스벨트 대통령의 부인이자 인권 운동가, 외교관, 작가로 활동한 엘리너 루스벨트는 20세기 가장 영향력 있는 여성 중 한 명이다. 그녀는 전통적인 영부인의 역할을 넘어서 적극적으로 사회 활동에 참여했으며, 유엔 인권위원회 위원장으로서 세계인권선언 채택을 주도했다. 여성의 권리, 인종 평등, 사회 정의를 위해 평생을 헌신했으며, 개인의 존엄성과 가능성을 믿는 휴머니즘적 가치관을 실천했다.

이 조언은 현실의 제약에 굴복하지 않고 이상을 추구하는 인간의 의지력에 대한 그녀의 깊은 신념을 담고 있다.

02 꿈과 목표에 관한 조언

아름다운 꿈은 단순히 개인의 욕망을 뜻하지 않는다.

예술가가 작품을 통해 감동을 주고 싶어 하고
교사가 학생들의 성장을 돕고 싶어 하며
의사가 환자를 치유하고 싶어 하는 마음처럼 말이다.

이러한 꿈들은 개인의 성취를 넘어서
다른 사람들에게도 희망과 영감을 준다.

자신의 꿈이 아름답다고 믿는 사람은
그 꿈을 실현하기 위해 최선을 다하고
그 과정에서 예상치 못한 기적들을 만들어낸다.

역사를 움직인 모든 변화는 누군가의
'아름다운 꿈'에서 시작되었다.

조언 출전 | 엘리너 루스벨트의 연설과 저술 활동 중에서 나온 대표적인 발언

#미래는꿈꾸는자의것 #믿음이만드는미래 #꿈의힘을믿어라

우주와 함께하는 꿈의 여정

파울로 코엘료 (Paulo Coelho, 1947-)

무엇인가를 간절히 원할 때
온 우주가 그것을 이루도록 도와준다.

When you want something,
all the universe conspires[1] in helping you to achieve[2] it.

브라질 출신의 세계적인 작가 파울로 코엘료는 《연금술사》를 통해 전 세계 독자들에게 영적 깨달음과 삶의 지혜를 전했다. 그는 젊은 시절 정신병원 입원, 감옥 생활 등 시련을 겪었지만 이를 통해 인생의 깊은 의미를 탐구하게 되었다. 《연금술사》는 80여 개국 언어로 번역되어 1억 부 이상 판매되며 현대 문학사에 큰 족적을 남겼다.

이 조언은 개인의 진정한 꿈이 우주의 흐름과 일치할 때 나타나는 신비로운 협력과 동조현상에 대한 그의 철학적 통찰을 보여준다.

02 꿈과 목표에 관한 조언

마음 깊은 곳에서 우러나오는 간절한 바람은
보이지 않는 힘들과 연결되어 있다.

자신의 길을 찾아 걸어가기 시작하면
예상치 못한 도움들이 나타난다.

우연히 만난 사람이 중요한 정보를 주고
뜻밖의 기회가 문을 두드리며
필요한 순간에 필요한 자원이 생긴다.

이러한 일들을 단순한 운이라고 치부할 수도 있지만
실제로는 자신의 의지와 세상의 에너지가
조화를 이루며 만들어내는 결과다.

조언 출전 | 파울로 코엘료의 세계적 베스트셀러 《연금술사(The Alchemist)》에 나오는 핵심 메시지

1) conspire : 공모하다, 협력하다 2) achieve : 성취하다, 달성하다

#꿈과우주의공모 #간절한소망의힘 #꿈이끌어당기는힘

꿈은 사치가 아니라 필수다

아나이스 닌 (Anaïs Nin, 1903-1977)

삶에 있어 꿈은 필수다.

Dreams are necessary to life.

프랑스 태생의 미국 작가 아나이스 닌은 20세기 문학사에서 독특한 위치를 차지하는 인물이다. 그녀는 11세부터 죽을 때까지 66년간 일기를 써서 총 35,000페이지에 달하는 방대한 기록을 남겼으며, 이는 개인의 내면세계를 탐구한 문학적 걸작으로 평가받는다. 헨리 밀러와의 관계로도 유명하지만, 무엇보다 여성의 감정과 욕망을 솔직하게 표현한 선구적 작가로 기억된다.

이 조언은 현실에 안주하지 않고 끊임없이 자신의 가능성을 탐구했던 그녀의 예술가적 철학을 압축적으로 보여준다.

현실만으로는 인간이 살아갈 수 없다.

매일 반복되는 일상, 예측 가능한 루틴
정해진 역할들만으로는 영혼이 메말라 간다.

꿈은 메마른 영혼에
숨을 불어넣는 공기와 같다.

꿈은 단순한 환상이 아니라
인간다움을 유지하는 핵심 요소다.

꿈꾸지 않는 삶은 색깔 없는 그림과 같다.
꿈꾸는 것만으로도 삶은 이미 달라지기 시작한다.

조언 출전 | 아나이스 닌의 일기와 에세이에서 발췌된 내면 성찰에 관한 문장

#삶을지탱하는꿈 #삶의본질탐구 #꿈의필수성

거대한 꿈이 가진 중력

로버트 H. 슐러 (Robert H. Schuller, 1926-2015)

꿈을 크게 꾸어라.
작은 꿈에는 사람의 마음을 움직일 힘이 없다.

Dream big dreams!
Small dreams have no power to stir[1] men's souls.

미국의 개신교 목사이자 긍정심리학의 선구자인 로버트 H. 슐러는 "크리스털 대성당"으로 유명한 가든 그로브 커뮤니티 교회를 설립하여 전 세계적으로 영향을 미쳤다. 그는 50년간 텔레비전 프로그램 "아워 오브 파워(Hour of Power)"를 진행하며 수백만 명에게 희망의 메시지를 전했다. 그의 "가능성 사고(Possibility Thinking)" 철학은 개인의 잠재력과 꿈의 실현 가능성을 강조한다.

이 조언은 평범한 목표에 안주하지 말고 자신과 타인을 변화시킬 수 있는 비전을 품으라는 그의 도전적 메시지를 담고 있다.

02 꿈과 목표에 관한 조언

작은 꿈은 편안하다.

실패할 위험도 적고 남들의 비웃음을 살 가능성도 낮아
현재 상태에서 크게 벗어나지 않아도 된다.

하지만 바로 그 안전함이 함정이다.

작은 꿈은 작은 노력만을 요구하며
그 작은 노력은 작은 결과만을 가져온다.

무엇보다 작은 꿈은 우리 내면의
잠재력을 깨우지 못한다.

인간은 도전을 받을 때 비로소
진짜 능력을 발휘하는 존재다.

큰 꿈은 우리를 지금보다 더 나은 사람으로
만드는 강력한 자석이다.

조언 출전 | 로버트 H. 슐러의 저서와 설교에서 나온 핵심 메시지
1) stir : 휘젓다, 자극하다, 움직이게 하다

#크게꿈꾸기 #비전의힘 #도전정신

열정을 향한 나침반
브렌든 버처드 (Brendon Burchard, 1977-)

목표는 당신의 열정을 향한 나침반이다.

Goals are your compass[1] toward your passion[2].

미국의 동기부여 연설가이자 성공 코치인 브렌든 버처드는 개인 발전 분야의 세계적 권위자다. 그는 19세에 자동차 사고로 죽을 뻔한 경험을 한 후 인생의 의미와 목적에 대해 깊이 고민하기 시작했다. 이후 《인생학교(Life's Golden Ticket)》, 《그레이트 식스 해빗(High Performance Habits)》 등의 베스트셀러를 저술했으며, 전 세계적으로 수백만 명에게 영감을 주고 있다. 그는 특히 목표 설정과 개인적 성장의 관계에 대해 연구해왔으며, 단순한 성취보다는 의미 있는 삶을 사는 방법을 가르친다.

이 조언은 목표가 단순한 성과 지표가 아니라 자신의 진정한 열정을 발견하고 그곳으로 나아가는 길잡이 역할을 한다는 그의 핵심 철학을 보여준다.

02 꿈과 목표에 관한 조언

많은 사람들이 목표를 부담스러워한다.

달성해야 할 숙제처럼 느끼거나
실패의 좌절감이 두려워 아예 목표를 세우지 않기도 한다.

하지만 목표의 진정한 역할은
우리를 압박하는 것이 아니라 방향을 제시하는 것이다.

나침반이 북쪽을 가리키듯
목표는 우리의 진정한 열정이 있는 곳을 가리킨다.

길을 잃었을 때 나침반을 보고 방향을 찾듯이
삶의 방향을 잃었을 때 목표를 보고 다시
올바른 길로 돌아갈 수 있다.

목표는 완벽하게 달성해야 할 의무가 아니라
열정적인 삶을 살기 위한 도구다.

조언 출전 | 브렌든 버처드의 저서 《그레이트 식스 해빗(High Performance Habits)》과 개인 성장에 관한 강연에서 보여주는 그의 사상을 재구성한 메시지

1) compass : 나침반, 방향 지시기 2) passion : 열정, 정열

상상이 현실을 앞서는 순간

헨리 데이비드 소로 (Henry David Thoreau, 1817-1862)

꿈을 향해 확신 있게 나아가고
상상해온 삶을 살기 위해 노력한다면
평범한 시간 속에서도 예상치 못한 성공을 만나게 될 것이다.

If one advances confidently[1] in the direction of
his dreams, and endeavors[2] to live the life
which he has imagined, he will meet with
a success unexpected[3] in common hours.

19세기 미국의 철학자이자 자연주의 작가인 소로는 초월주의 운동의 핵심 인물로, 물질문명을 거부하고 자연 속에서의 단순한 삶을 추구했다. 그는 2년 2개월간 월든 호숫가의 오두막에서 홀로 지내며 자급자족하는 삶을 실험했고, 이 경험을 바탕으로 《월든》을 저술했다. 또한 시민 불복종 이론을 제시하여 간디와 킹 목사에게 영향을 주었다.

이 조언은 사회적 관습에 얽매이지 않고 자신만의 길을 걸어가는 용기의 중요성과, 진정성 있는 삶이 가져다주는 예상치 못한 보상에 대한 그의 철학적 통찰을 담고 있다.

02 꿈과 목표에 관한 조언

많은 사람들이 꿈을 품지만
정작 그 꿈을 향해 확신 있게 걸어가는 사람은 드물다.

대부분은 현실이라는 벽 앞에서 주저하거나
안전한 길만 선택한다.

하지만 상상해온 삶을 단순한 공상으로 치부하지 않고
그것을 실현하기 위해 구체적으로 행동할 때 기적이 일어난다.

마치 씨앗이 땅속에서 조용히 자라다가 어느 순간
새싹으로 솟아나는 것처럼
꿈을 향한 진실한 노력은 반드시 빛을 보게 마련이다.

조언 출전 | 헨리 데이비드 소로의 대표작 《월든(Walden)》에서 발췌한 문장

1) confidently : 확신을 가지고, 자신 있게 2) endeavors : 노력하다, 애쓰다
3) unexpected : 예상치 못한, 뜻밖의

#진정성있는삶 #자신만의길 #예상치못한성공

예언자가 아닌 창조자가 되라

마크 트웨인 (Mark Twain, 1835-1910)

미래를 예측하는 가장 좋은 방법은
미래를 만들어내는 것이다.

The best way to predict[1] the future
is to create it.

본명이 새뮤얼 클레멘스인 마크 트웨인은 19세기 미국 문학의 거장으로, 《톰 소여의 모험》과 《허클베리 핀의 모험》으로 세계적 명성을 얻었다. 미시시피강의 증기선 도선사로 일한 경험을 바탕으로 생생한 미국적 문체를 구사했으며, 유머와 풍자를 통해 인간의 본성과 사회 문제를 예리하게 관찰했다. 그는 단순한 문학가를 넘어 강연가, 발명가, 사업가로도 활동하며 적극적인 삶을 살았다.

이 조언은 운명론에 기대지 않고 자신의 의지로 인생을 개척해 나가야 한다는 그의 능동적 인생철학을 보여준다.

02 꿈과 목표에 관한 조언

대부분의 사람들은 미래를 예측하려 한다.
하지만 이러한 수동적인 접근법에는 한계가 명확하다.

아무리 정교한 예측이라도 변수가 너무 많고
설령 맞는다 해도 그저 세상의 흐름에 휩쓸릴 뿐이다.

진정으로 미래를 만드는 사람은
미래를 기다리지 않고 직접 만든다.

현재 주어진 조건을 활용해서
원하는 방향으로 상황을 이끌어가는 것이다.

예측자가 아닌 창조자의 관점에서
인생을 바라보는 순간, 모든 것이 달라진다.

조언 출전 | 마크 트웨인의 강연과 저술에서 표현된 능동적인 삶의 태도를 담은 발언

1) predict : 예측하다, 예언하다

#창조자 #미래예측방법 #미래를만든다

용기라는 마법의 열쇠

월트 디즈니 (Walt Disney, 1901-1966)

우리의 모든 꿈은
그것을 추구할 용기만 있다면 이룰 수 있다.

All our dreams can come true,
if we have the courage[1] to pursue[2] them.

월트 디즈니는 20세기 가장 혁신적인 엔터테인먼트 기업가이자 창작자였다. 미키 마우스를 탄생시키고 세계 최초의 장편 애니메이션 《백설공주와 일곱 난쟁이》를 제작했으며, 디즈니랜드라는 새로운 개념의 테마파크를 만들어냈다. 그는 여러 차례 사업 실패와 파산 위기를 겪었지만 포기하지 않고 꿈을 추구했으며, 결국 전 세계 어린이들에게 꿈과 희망을 선사하는 거대한 엔터테인먼트 제국을 건설했다.

이 조언은 불가능해 보이는 아이디어도 용기 있게 추진하면 현실이 될 수 있다는 그의 확고한 신념을 보여준다.

02 꿈과 목표에 관한 조언

꿈과 현실 사이에는 하나의 다리가 놓여 있다.
그 다리의 이름은 바로 용기다.

아무리 아름답고 훌륭한 꿈이라도
용기 없이는 머릿속 상상으로만 머물게 된다.

반대로 작은 꿈이라도 용기를 내어
첫 발을 떼면 놀라운 여정이 시작된다.

용기란 두려움이 없는 상태가 아니다.
두려움에도 불구하고 행동하는 힘이다.

만약 이러한 용기가 없었다면
세상의 모든 혁신과 진보는 일어날 수 없었을 것이다.

용기는 타고나는 것이 아니라
연습을 통해 늘릴 수 있는 능력이다.

조언 출전 | 월트 디즈니의 사업 철학과 창작 정신을 담은 대표적 발언
1) courage : 용기, 담력 2) pursue : 추구하다, 쫓다

#마법같은용기의힘 #꿈을여는열쇠 #용기와마법

비전이라는 이름의 꿈

스티브 잡스 (Steve Jobs, 1955-2011)

꿈은 당신이 원하는 것을
이루기 위한 비전이다.

Dreams are the vision[1]
for achieving[2] what you want.

애플의 공동창업자이자 전 CEO인 스티브 잡스는 21세기 기술 혁신의 아이콘이다. 그는 개인용 컴퓨터, 스마트폰, 태블릿의 대중화를 이끌며 전 세계 사람들의 삶을 근본적으로 바꾸어놓았다. 매킨토시, 아이맥, 아이팟, 아이폰, 아이패드 등 혁신적 제품들을 연이어 출시하며 애플을 세계 최고의 기업으로 만들었다. 그의 성공 비결은 단순히 기술력이 아니라 사용자의 경험을 완전히 새롭게 상상하는 비전이었다. 그는 존재하지 않던 제품을 꿈꾸고, 그 꿈을 현실로 만들어내는 천재였다.

이 조언은 막연한 소망이 아닌 구체적이고 실현 가능한 미래상으로서의 꿈의 중요성을 강조하는 그의 핵심 철학을 보여준다.

02 꿈과 목표에 관한 조언

많은 사람들이 꿈을 단순한 환상이나
희망 사항으로 생각한다.
하지만 진정한 꿈은 그보다 훨씬
구체적이고 실용적이다.

꿈은 아직 존재하지 않는 미래를
선명하게 그려보는 능력이다.
스티브 잡스가 주머니에 들어가는
1,000곡의 음악을 상상했을 때
그것은 단순한 바람이 아니라 명확한 비전이었다.

이런 종류의 꿈은 방향성을 제시하고 행동을 이끌어낸다.

막연한 꿈은 공상에 그치지만
비전이 있는 꿈은 현실을 바꾸는 힘이 된다.

조언 출전 | 스티브 잡스의 애플 제품 발표회와 경영 철학에서 나온 혁신에 대한 발언
1) vision : 비전, 전망 2) achieve : 성취하다, 달성하다

#꿈은비전 #구체적인상상력 #꿈의청사진

· 03 ·

실패와 극복에 관한 조언

실패는 피해야 할 대상이 아니라, 삶에 필수적인 요소다.
실패라는 이름의 발견을 통해
우리는 예상치 못한 새로운 길을 찾아내고
그 과정에서 희망의 빛을 발견한다.
실패 없는 성공은 세상에 존재하지 않는다.

넘어졌을 때 배우는 일어서는 방법은
그 어떤 이론보다 강력하다.

바닥에 쓰러진 순간 깨닫게 되는 진실은
우리가 쌓아온 지식보다 훨씬 더 견고하다.

넘어진 그 자리에서 진정한 배움이 시작되고
상처는 우리를 더욱 단단하게 만든다.

실패를 감당할 용기가 있어야만 진정한 도전이 가능하다.
결국, 실패가 쌓아 올린 성공의 탑이야말로 가장 단단한 성취다.
모든 위대한 성공 뒤에는 무수히 많은 실패의 흔적이 새겨져 있다.

실패가 쌓아 올린 성공의 탑

제임스 다이슨 (James Dyson, 1947-)

나는 진공청소기를 제대로 만들기 전에
5,126개의 실패한 시제품을 만들었다.
덕분에 진공청소기를 만들지 말아야 할
5,126가지 방법을 배웠다.

I made 5,126 failed prototypes[1] of my vacuum cleaner
before I got it right. So I learned 5,126 ways
not to make a vacuum cleaner.

영국의 발명가이자 산업 디자이너인 제임스 다이슨은 전 세계 가전업계를 뒤바꾼 혁신가다. 그는 기존 진공청소기의 한계를 극복하기 위해 15년간 5,127개의 시제품을 만들었고, 마침내 먼지봉투 없는 사이클론 진공청소기를 완성했다. 이후 다이슨은 세계적인 기업으로 성장하며 헤어드라이어, 공기청정기 등 다양한 혁신 제품을 선보였다. 현재 그는 영국 최고 부자 중 한 명이 되었으며, 디자인 교육에도 적극 투자하고 있다.

이 조언은 혁신에는 수많은 시행착오가 필요하며, 실패 자체가 성공으로 가는 필수 과정이라는 그의 철학을 보여준다.

03 실패와 극복에 관한 조언

실패에 대한 관점이 바뀌면
도전에 대한 두려움도 사라진다.

실패를 피해야 할 것으로 여기면
안전한 선택만 하게 되어
결국 평범한 결과밖에 얻을 수 없다.

반면 실패를 성공의 재료로 받아들이면
과감한 실험이 가능해진다.

중요한 것은 같은 실패를 반복하지 않고
매번 새로운 것을 시도하는 것이다.

끈기는 재능보다 강력하다.

조언 출전 | 제임스 다이슨이 혁신적인 사이클론 진공청소기 개발 과정에서 남긴 유명한 발언
1) prototypes : 시제품, 원형

#실패는과정 #끈기의힘 #혁신의집념

넘어짐이 가르쳐주는 일어서는 법

토머스 칼라일 (Thomas Carlyle, 1795-1881)

우리의 가장 큰 영광은 절대 넘어지지 않는 것이 아니라 넘어질 때마다 일어서는 것이다.

Our greatest glory[1] is not in never falling
but in rising every time we fall.

스코틀랜드 출신의 역사가이자 평론가인 토머스 칼라일은 19세기 영국 문학과 사상사에 큰 영향을 미친 인물이다. 그는 《프랑스 혁명사》,《영웅숭배론》 등의 저작을 통해 역사의 동력과 인간의 의지에 대한 독창적 관점을 제시했다. 특히 위대한 개인들이 역사를 이끌어간다는 '영웅사관'으로 유명하지만, 동시에 평범한 개인의 도덕적 의지와 회복력의 중요성도 강조했다.

이 조언은 완벽함보다는 회복력이야말로 진정한 인간적 위대함의 척도라는 그의 휴머니즘적 통찰을 보여준다.

03 실패와 극복에 관한 조언

넘어졌을 때 다시 일어서기 위해서는 용기가 필요하다.

넘어져 있으면 더 이상 다칠 위험이 없지만
일어서는 순간 다시 넘어질 가능성에 노출되기 때문이다.

그럼에도 불구하고 일어서는 이유는 단순하다.

누워있는 것보다 서있는 것이 더 인간다운 자세이기 때문이다.

일어설 때마다 우리는 포기보다 용기를
절망보다 희망을, 체념보다 도전을 선택하는 것이다.

이러한 선택들이 모여 우리의 정체성을 만든다.
몇 번 넘어졌는지가 아니라
몇·번 일어섰는지가 그 사람의 진짜 이야기가 된다.

조언 출전 | 토머스 칼라일의 역사 철학과 인간론에 관한 저술에서 나온 문장

1) glory : 영광, 명예

#회복탄력성 #실패로부터배우기 #진정한강함

실수와 용서 사이의 인간다운 여정

알렉산더 포프 (Alexander Pope, 1688-1744)

실수하는 것은 인간이고
용서하는 것은 신이다.

To err[1] is human;
to forgive, divine[2].

18세기 영국의 대표적 시인 알렉산더 포프는 신고전주의 문학의 거장으로, 풍자와 기지가 넘치는 영웅시(heroic couplet)로 유명하다. 그는 어린 시절 척추 결핵으로 평생 신체적 고통을 겪었지만, 이를 극복하고 《일리어드》와 《오디세이아》를 번역하여 문학사에 큰 족적을 남겼다. 《비평론》, 《머리카락 도둑》, 《둔시야드》 등의 작품을 통해 당시 사회와 문학계를 예리하게 비판했다.

이 조언은 인간의 불완전성을 인정하되, 그것을 넘어서는 용서의 고귀함을 강조하는 그의 휴머니즘적 통찰을 담고 있다.

03 실패와 극복에 관한 조언

완벽한 인간은 존재하지 않는다.

아무리 신중하게 행동해도 실수는 일어나고
아무리 선한 의도를 가졌더라도 잘못된 결정을 내리기도 한다.

이것은 부끄러워할 일이 아니라
인간이라는 존재의 본질적 특성이다.

실수를 인정하는 용기야말로
성숙한 인간의 첫 번째 조건이다.

하지만 실수보다 더 어려운 것은 용서다.

용서는 상대방을 위한 것이 아니라
바로 자신을 위한 것이다.

조언 출전 | 알렉산더 포프의 시 《비평론(An Essay on Criticism)》에서 발췌된 문장

1) err : 실수하다, 잘못하다 2) divine : 신의, 신성한

#인간의불완전성 #용서의힘 #새로운시작

바닥에서 발견하는 새로운 기초

J.K. 롤링 (J.K. Rowling, 1965-)

밑바닥은 내 삶을 다시 세울 수 있는
단단한 토대가 되었다.

Rock bottom[1] became the solid foundation[2]
on which I rebuilt[3] my life.

영국의 작가 J.K. 롤링은 《해리 포터》 시리즈로 전 세계 어린이와 성인들에게 마법 같은 상상력을 선사한 베스트셀러 작가다. 하지만 성공 이전에 그녀는 이혼, 실업, 극심한 가난, 우울증 등 인생의 밑바닥을 경험했다. 정부 보조금에 의존하며 카페에서 《해리 포터》 1권을 집필했고, 12개 출판사에게 거절당한 후에야 출간할 수 있었다. 현재 그녀는 세계에서 가장 성공한 작가 중 한 명이 되었지만, 과거의 경험을 바탕으로 실패와 역경의 가치를 강조한다.

이 조언은 최악의 상황이야말로 진정한 재출발의 기회가 된다는 그녀의 깊은 통찰을 담고 있다.

03 실패와 극복에 관한 조언

인생의 바닥은 절망적으로 보이지만
실제로는 가장 정직한 곳이다.

모든 허울과 가식이 벗겨지고
진짜 자신과 마주하게 되는 곳이다.

사회적 지위, 타인의 시선, 물질적 소유 같은
외부적인 요소들이 사라지면 오직 본질만 남는다.

이때 비로소 무엇이 정말 중요한지
무엇을 위해 살아야 하는지
어떤 사람이 되고 싶은지 명확해진다.

바닥에서만 얻을 수 있는 이러한 깨달음은
어떤 성공의 경험보다도 귀중하다.

잃을 것이 없다는 것은 자유롭다는 의미이고
더 이상 떨어질 곳이 없다는 것은
이제 올라갈 일만 남았다는 의미이다.

조언 출전 ｜ J.K. 롤링이 하버드 대학교 졸업식에서 한 연설 《실패의 유익함(The Fringe Benefits of Failure)》에서 나온 발언

1) rock bottom : 바닥, 최악의 상황 2) foundation: 기초, 토대
3) rebuild : 재건하다, 다시 짓다

#바닥에서의재출발 #견고한기초 #진정성있는삶

71

실패를 감당할 용기

로버트 F. 케네디 (Robert F. Kennedy, 1925-1968)

크게 실패할 용기가 있는 사람만이
크게 이룰 수 있다.

Only those who dare[1] to fail greatly
can ever achieve[2] greatly.

존 F. 케네디 대통령의 동생이자 미국의 정치가, 변호사였던 로버트 F. 케네디는 법무장관과 상원 의원으로 활동하며 인권과 사회정의를 위해 헌신했다. 그는 마틴 루터 킹 주니어와 협력하여 민권 운동을 지원했고, 베트남 전쟁에 반대하며 평화를 추구했다. 1968년 대통령 선거에 출마했지만 캠페인 도중 암살당했다. 그의 삶 자체가 큰 위험을 감수하며 정의로운 대의를 추구한 모범이었다.

이 조언은 안전한 선택보다는 의미 있는 도전을 택하는 용기야말로 진정한 성취의 전제조건이라는 그의 철학을 보여준다.

03 실패와 극복에 관한 조언

크게 실패할 가능성을 받아들이는 사람은
전혀 다른 차원의 기회에 접근할 수 있다.

모든 사람이 위험하다고 여기는 영역에서
새로운 가능성을 발견하고
남들이 포기한 곳에서 돌파구를 찾아낸다.

큰 실패를 감당할 용기는
큰 성공을 위한 입장권과 같다.

그 입장권 없이는
진짜 게임에 참여조차 할 수 없다.
결국 인생은 안전한 관중석에 앉을 것인가
위험한 경기장에 뛰어들 것인가의 선택이다.

조언 출전 ｜ 로버트 F. 케네디의 1966년 케이프타운 대학교에서의 아파르트헤이트 반대 연설에서 발췌된 발언

1) dare : 감히...하다, 위험을 무릅쓰다 2) achieve : 성취하다, 달성하다

#크게도전하기 #실패를감당하는용기 #진정한성취

속도보다 중요한 것, 지속성의 힘

공자 (孔子, 551-479 BC)

속도는 중요하지 않다.
멈추지 않고 나아가는 것이 중요하다.

It does not matter how slowly you go
as long as you do not stop.

고대 중국의 철학자이자 교육자인 공자는 유교 사상의 창시자로, 동양 문명에 가장 큰 영향을 미친 사상가 중 한 명이다. 그는 인(仁), 의(義), 예(禮), 지(智) 등의 덕목을 통해 이상적인 인간상과 사회를 추구했으며, 교육을 통한 인격 완성을 강조했다. 특히 "배우고 때때로 익히면 또한 기쁘지 아니한가"라는 말처럼 지속적인 학습과 성장의 중요성을 역설했다.

이 조언은 급진적 변화보다는 꾸준한 노력을 통한 점진적 발전이야말로 진정한 성장의 길이라는 그의 교육 철학을 보여준다.

현대 사회는 속도의 시대다.
빠른 성과, 즉각적인 변화, 그리고 급속한 성장을 요구한다.

느린 것은 뒤처지는 것으로, 더딘 발전은 실패로 여겨지기 쉽다.
하지만 공자는 2500년 전에 이미 다른 관점을 제시했다.

중요한 것은 얼마나 빨리 가느냐가 아니라
얼마나 꾸준히 가느냐는 것이다.

급한 마음에 무리하다가 중도에 포기하는 것보다는
자신의 속도에 맞춰 꾸준히 나아가는 것이
훨씬 더 지혜로운 선택이다.

지속성에는 놀라운 힘이 있다.
작은 변화라도 매일 반복되면 거대한 결과를 만들어낸다.

물이 바위를 뚫는 것도, 나무가 하늘까지 자라는 것도
모두 시간과 지속성의 힘이다.

조언 출전 | 공자의 가르침을 담은 《논어(Analects)》의 정신에서 파생된 문장

실패라는 이름의 발견

토마스 에디슨 (Thomas Edison, 1847-1931)

나는 실패한 것이 아니다.
작동하지 않는 1만 가지 방법을 발견한 것이다.

I have not failed 10,000 times.
I've successfully found 10,000 ways that will not work.

미국의 발명왕 토마스 에디슨은 인류 역사상 가장 많은 특허(1,093개)를 보유한 발명가다. 그는 전구, 축음기, 영화 촬영기 등 현대 문명의 기초가 된 수많은 발명품을 만들어냈다. 특히 실용적인 백열전구를 개발하기 위해 수천 번의 실험을 반복했으며, 이 과정에서 무수한 실패를 경험했다. 하지만 그는 각각의 실패를 새로운 정보로 받아들였고, 결국 성공에 도달했다. 그의 발명 연구소는 세계 최초의 산업 연구소로, 체계적인 연구개발의 모델이 되었다.

이 조언은 실패에 대한 관점의 전환이야말로 혁신의 핵심이라는 그의 철학을 보여준다.

03 실패와 극복에 관한 조언

실패와 발견 사이에는
종이 한 장 차이밖에 없다.

같은 결과라도 어떤 관점으로 바라보느냐에 따라
절망이 될 수도 있고 희망이 될 수도 있다.

절망은 끝을 의미하지만
희망은 시작을 의미한다.
이러한 관점을
일상에 적용하면 모든 것이 달라진다.

1만 가지 방법이 작동하지 않는다는 것을 안다면
1만 1번째 방법이 작동할 가능성은 그만큼 높아진다.

실패는 성공의 반대가 아니라
성공으로 가는 과정이다.

조언 출전 | 토마스 에디슨이 전구 개발 과정에서 남긴 유명한 발언

#실패는발견 #시행착오의가치 #관점의전환

거절 너머에 있는 기회

할랜드 데이비드 샌더스 (Harland David Sanders, 1890-1980)

한 번의 거절에
낙담하지 말라.

Don't be discouraged[1]
by a single rejection[2].

'커널 샌더스'로 유명한 할랜드 데이비드 샌더스는 KFC(켄터키 프라이드치킨)의 창업자다. 그는 65세라는 늦은 나이에 자신만의 치킨 조리법으로 사업을 시작했다. 그의 프라이드치킨 레시피를 1,009개의 레스토랑에서 거절당한 후, 1,010번째에서 처음으로 계약을 성사시켰다. 이후 KFC는 전 세계적인 패스트푸드 체인으로 성장했다. 그는 인생의 대부분을 다양한 직업을 전전하며 보냈지만, 포기하지 않는 끈기로 마침내 거대한 성공을 이뤄냈다.

이 조언은 거절을 개인적인 패배가 아닌 다음 기회로 가는 과정으로 받아들이는 그의 불굴의 정신을 보여준다.

거절은 당신에 대한 판단이 아니라
상황에 대한 반응이다.

타이밍이 맞지 않았거나
조건이 맞지 않았거나
상대방의 사정이 있었을 수도 있다.

지금 당신이 거절당한 일이 있다면
실망하지 말자.
그것은 단지
"아직 아니다"라는 뜻일 뿐이다.

다음 시도를 위해
무엇을 개선할 수 있는지 생각해 보고
다시 도전해 보자.

1,010번째의 기적이
당신을 기다리고 있을지도 모른다.

조언 출전 | KFC 창업자 커널 샌더스의 사업 철학과 경험담에서 나온 발언

1) discouraged : 낙담한, 좌절한 2) rejection : 거절, 거부

#포기하지않는끈기 #거절을넘어서는힘 #지속적인도전

포기하지 않는 마음의 원칙

윈스턴 처칠 (Winston Churchill, 1874-1965)

포기하지 마라. 포기하지 마라. 절대, 절대, 절대, 절대로
크든 작든, 중요하든 사소하든
명예와 상식의 신념을 제외하고는 절대 포기하지 마라.

Never give in, never give in, never, never, never, never in nothing, great or small, large or petty[1] never give in except to convictions[2] of honor and good sense.

영국의 총리이자 정치가, 작가, 연설가인 윈스턴 처칠은 20세기 가장 영향력 있는 지도자 중 한 명이다. 제2차 세계대전 중 영국을 이끌며 나치 독일에 맞서 승리를 이끌어냈고, 뛰어난 웅변술로 국민들에게 희망과 용기를 불어넣었다. 그는 정치적 실패와 좌절을 여러 번 겪었지만 결코 포기하지 않았으며, 문학 분야에서도 노벨문학상을 수상했다.

이 조언은 1941년 런던 대공습이 한창이던 시기 모교에서 한 연설로, 절체절명의 위기 속에서도 포기하지 않는 영국 정신을 강조하면서도 맹목적 집착과는 다른 지혜로운 끈기를 보여준다.

포기와 방향 전환 사이에는 중요한 차이가 있다.

처칠이 "명예와 상식의 신념을 제외하고는"이라는
조건을 단 것은 무작정 버티는 것과
지혜롭게 끝까지 해내는 것을
구별하기 위해서다.

잘못된 목표를 향해 무모하게 달려가는 것은
용기가 아니라 어리석음이다.

하지만 옳은 일, 가치 있는 일, 의미 있는 일에서는
어떤 장애물이 닥쳐와도 포기해서는 안 된다.

때로는 방법을 바꾸고 전략을 수정할 수 있지만,
핵심 목표만큼은 끝까지 포기하지 않는 것이 중요하다.

이러한 분별력이 있어야 진정한 끈기를 발휘할 수 있다.

조언 출전 | 윈스턴 처칠이 모교 해로우 스쿨에서 한 연설(1941년 10월 29일)에서 발췌
1) petty : 사소한, 하찮은 2) conviction : 신념, 확신

#끝까지해보는용기 #포기하지않는원칙 #지혜로운끈기

고통과 희망이 공존하는 세상

헬렌 켈러 (Helen Keller, 1880-1968)

세상은 고통으로 가득 차 있지만
고통을 극복하는 힘으로도 가득 차 있다.

Although the world is full of suffering[1]
it is also full of the overcoming[2] of it.

미국의 작가이자 사회운동가인 헬렌 켈러는 19개월의 나이에 시각과 청각을 잃었지만, 스승 앤 설리번의 도움으로 언어를 습득하고 하버드 대학을 졸업한 최초의 시청각 장애인이 되었다. 그녀는 12권의 책을 저술했으며, 장애인의 권익을 위해 평생을 헌신했다. 또한 여성 참정권 운동과 사회주의 운동에도 참여했다. 자신이 극복할 수 없을 것 같던 절대적 장애를 딛고 일어선 그녀의 삶 자체가 인간의 무한한 가능성을 보여주는 증거다.

이 조언은 고통의 현실을 부인하지 않으면서도 인간의 회복력과 극복 의지에 대한 깊은 신뢰를 담고 있다.

03 실패와 극복에 관한 조언

세상에는 피할 수 없는 아픔들이 있다.

사랑하는 사람과의 이별
예상치 못한 실패
건강 문제나 경제적 어려움 같은 것들은
누구에게나 찾아온다.

지금 당신이 어떤 고통 속에 있다면
그것이 영원하지 않다는 것을 기억하자.

세상 어딘가에는 비슷한 어려움을 극복한 사람들이 있고
당신도 그들처럼 이겨낼 수 있다.

고통은 끝이 아니라 새로운 시작의 전주곡일 뿐이다.
극복의 이야기는 바로 당신에게서 시작될 수 있다.

조언 출전 | 헬렌 켈러의 저서 《낙관주의(Optimism)》(1903)에서 발췌

1) suffering : 고통, 괴로움 2) overcoming : 극복, 이겨냄

#고통과극복 #인간의회복력 #희망의힘

04

노력과 인내에 관한 조언

진정한 성공은 화려한 재능이 아닌
끝까지 버티는 힘에서 나온다.
작은 노력들이 쌓여 만드는 기적은
하루아침에 이루어지지 않는다.
노력의 긴 밤을 견뎌낸 자만이 위대함을 얻는다.

재능은 시작점일 뿐, 끈기야말로 승리의 진짜 열쇠다.
인내 속에서 피어나는 것은 단순한 성취가 아닌
그 어떤 재능도 뛰어넘는 위대함이다.
멈추지 않는 발걸음 하나하나가 모여 거대한 변화를 만들고
우연처럼 보이는 성공도 결국 끈기와 철저한 준비의 결과다.

인내는 성공의 뿌리다.
그 뿌리가 깊을수록 열매는 더욱 단단하고 풍성하다.
묵묵히 자신의 길을 걸어가는 사람만이
진정한 승리자가 되는 이유다.

작은 노력이 쌓아 올리는 기적

로버트 콜리어 (Robert Collier, 1885-1950)

성공은 하루하루 반복되는
작은 노력들의 합이다.

Success is the sum of small efforts
repeated[1] day in and day out.

미국의 자기계발서 작가이자 출판업자인 로버트 콜리어는 20세기 초 성공학과 자기계발 분야의 선구자 중 한 명이다. 그는 《성공의 비밀》을 비롯해 여러 권의 베스트셀러를 저술하며 수많은 사람들에게 실용적인 성공 철학을 전파했다. 특히 거창한 이론보다는 일상에서 실천할 수 있는 구체적인 방법론을 제시하는 것으로 유명했다. 그 자신도 작은 출판사에서 시작해 점진적인 노력을 통해 성공한 출판업계의 거물이 되었다.

이 조언은 하루아침에 이뤄지는 극적인 성공보다는 꾸준한 노력의 누적이야말로 진정한 성취의 비밀이라는 그의 핵심 철학을 보여준다.

04 노력과 인내에 관한 조언

오늘 책 한 페이지를 더 읽고
운동을 15분 더 하며
새로운 기술을 조금씩 연습하고
좋은 관계를 쌓아가는 작은 노력들이 모여
1년 후, 5년 후의 모습을 결정한다.

이러한 작은 노력들은 당장 눈에 띄지 않기 때문에
과소평가되기 쉽다.

하지만 매일 한 줌의 흙을 쌓아 산을 이루듯이
작은 변화가 누적되면
상상을 초월하는 결과를 만들어낸다.

성공은 마라톤과 같아서 단거리 속도가 아니라
꾸준한 페이스가 중요하다.

성공한 사람들의 공통점은 특별한 재능이 아니라
평범한 일을 지속할 수 있는 능력이다.

조언 출전 | 로버트 콜리어의 저서 《성공의 비밀(The Secret of the Ages)》(1926) 발췌문

1) repeated : 반복되는, 되풀이되는

#작은노력의힘 #꾸준함의가치 #일상의성공법

끈기라는 이름의 무적의 힘

캘빈 쿨리지 (Calvin Coolidge, 1872-1933)

재능으로는 안 된다. 재능이 있으면서도 성공하지 못한 사람들만큼 흔한 것도 없다. 천재성으로도 안 된다. 보상받지 못한 천재는 이미 뻔한 얘기가 되었다. 교육으로도 안 된다. 세상은 실패한 지식인들로 가득하다. 오직 끈기와 의지만이 전능하다.

Talent will not; nothing is more common than unsuccessful men with talent. Genius will not; unrewarded[1] genius is almost a proverb. Education will not; the world is full of educated derelicts. Persistence[2] and determination[3] alone are omnipotent[4].

미국의 제30대 대통령 캘빈 쿨리지는 1920년대 "침묵하는 칼"이라는 별명으로 불린 정치가였다. 그는 버몬트의 가난한 농가에서 태어나 변호사, 주지사를 거쳐 대통령까지 오른 입지전적 인물이다. 화려한 언변이나 카리스마보다는 성실함과 끈기로 정치 생애를 쌓아 올렸으며, 경제 번영기였던 1920년대 미국을 안정적으로 이끌었다. 그 자신의 삶이 재능이나 배경보다는 꾸준한 노력과 끈기로 성취를 이룬 모범 사례였다.

이 조언은 재능, 천재성, 교육 등 다른 모든 요소를 제치고 끈기만이 진정한 성공의 열쇠라는 그의 확고한 신념을 보여준다.

04 노력과 인내에 관한 조언

재능 있는 실패자들을 우리는 얼마나 많이 보는가.

반면 특별해 보이지 않았던 사람이 꾸준한 노력으로
놀라운 성취를 이루는 경우를 자주 목격한다.

재능은 출발선에서의 앞서감일 뿐
결승선을 결정하는 것은 끈기다.

처음에는 뒤처져 보여도 포기하지 않고
계속 달리는 사람이 결국 앞서 나간다.

끈기는 시간이 지날수록 그 가치가 더욱 빛난다.
끈기는 타고나는 것이 아니라 기르는 것이다.

세상에서 끈기만큼 강력한 것은 정말 없다.

조언 출전 | 캘빈 쿨리지 대통령의 연설과 정치 철학에서 나온 대표적 발언

1) unrewarded : 보상받지 못한 2) persistence : 끈기, 버팀
3) determination : 결단력, 의지 4) omnipotent : 전능한, 무한한 힘을 가진

#끈기의힘 #지속적인노력 #포기하지않는의지

노력의 밤이 만든 위대함

헨리 워즈워스 롱펠로 (Henry Wadsworth Longfellow, 1807-1882)

위대한 인물들은 갑작스러운 비상으로 정상에 오르지 않았다.
그들은 동료들이 잠든 동안에도
밤새도록 애쓰며 위로 올라갔다.

The heights by great men reached and
kept were not attained[1] by sudden flight[2],
but they, while their companions slept,
were toiling[3] upward in the night.

19세기 미국의 대표적 낭만주의 시인인 헨리 워즈워스 롱펠로는 《하이어와타의 노래》, 《에반젤린》 등으로 미국 문학사에 큰 족적을 남겼다. 하버드 대학교에서 현대어와 문학을 가르치며 교육자로도 활동했고, 단테의 《신곡》을 영어로 번역하는 등 문학 발전에 기여했다. 그의 시는 일반 대중들이 이해하기 쉬우면서도 삶의 교훈을 담고 있어 많은 사랑을 받았다.

이 조언이 나온 《인생의 찬가》는 젊은이들에게 적극적이고 의미 있는 삶을 살라고 격려하는 대표작으로, 성공에는 지름길이 없으며 꾸준한 노력만이 진정한 성취를 가져다준다는 메시지를 담고 있다.

04 노력과 인내에 관한 조언

성공에 대한 흔한 환상 중 하나는
어느 날 갑자기 기회가 찾아와 인생이 바뀐다는 믿음이다.

하지만 진정한 성취는 아무도 보지 않는 시간
아무도 알아주지 않는 노력들이 쌓여 만들어지는 것이다.

남들이 휴식을 취하고 오락을 즐기며 편히 잠들 때
조용히 자신만의 길을 걸어가는 사람들이 있다.

이들은 화려한 조명을 받지 않지만
꾸준히 한 계단씩 올라간다.

그 작은 발걸음들이 모여 결국 다른 사람들이
도달할 수 없는 높이에 서게 해주는 것이다.

진정한 차이는 보이지 않는 곳에서 만들어진다.

조언 출전 | 헨리 워즈워스 롱펠로의 시 《인생의 찬가(A Psalm of Life)》에서 발췌

1) attained : 달성하다, 도달하다 2) flight : 비상, 급상승
3) toiling : 힘들게 일하다, 노력하다

#밤의노력 #꾸준한전진 #보이지않는성장

인내 속에서 피어나는 천재성

미켈란젤로 부오나로티 (Michelangelo Buonarroti, 1475–1564)

천재는 무한한 인내력을 갖는 능력이다.

Genius is eternal patience[1].

르네상스 시대의 거장 미켈란젤로는 조각가, 화가, 건축가, 시인으로 활동한 천재 예술가다. 그는 《다비드》상, 《피에타》, 시스티나 성당 천장화 등 인류 문화사에 길이 남을 걸작들을 남겼다. 특히 시스티나 성당 천장화는 4년간 목과 등의 극심한 고통을 견디며 완성한 작품으로, 그의 무한한 인내력을 보여주는 대표적 사례다. 그는 평생에 걸쳐 완벽을 추구했으며, 한 작품에 수년을 투자하는 것을 마다하지 않았다.

이 조언은 번뜩이는 영감보다는 끝없는 노력과 인내야말로 진정한 창조의 원동력이라는 그의 예술관을 보여준다.

04 노력과 인내에 관한 조언

진정한 인내에는 열정이 담겨 있다.

억지로 참는 것이 아니라
더 나은 결과에 대한 간절함 때문에
자연스럽게 지속될 것이다.

이러한 인내는 고통스럽기보다는 즐겁다.

과정 자체에서 의미를 찾고
작은 진전에서도 기쁨을 느낀다.

시간이 걸리는 것이 문제가 아니라
포기하는 것이 문제다.

오래 걸려도 좋으니
끝까지 해내겠다는 마음가짐이야말로
모든 창조의 출발점이다.

조언 출전 | 미켈란젤로의 예술 철학과 창작 과정에 대한 기록을 통해 후대에 그의 정신을 기리며 인용된 문장

1) patience : 인내심, 참을성

#무한한인내력 #완벽을향한노력 #창조의원동력

끈기라는 승리의 열쇠

나폴레옹 보나파르트 (Napoleon Bonaparte, 1769-1821)

승리는 가장 끈기 있는 자의 것이다.

Victory belongs to the most persevering[1].

프랑스의 황제이자 역사상 가장 유명한 군사 전략가 중 한 명인 나폴레옹 보나파르트는 코르시카 출신의 평범한 군인에서 유럽 대륙을 정복한 황제까지 올라간 입지전적 인물이다. 그는 수많은 전투에서 승리를 거두며 나폴레옹 법전을 제정하는 등 군사적·정치적 업적을 남겼다. 비록 마지막에는 워털루 전투에서 패배하고 세인트헬레나 섬에서 유배 생활을 했지만, 그의 전략적 사고와 리더십은 여전히 연구되고 있다.

이 조언은 수많은 전투와 정치적 역경을 극복한 그의 경험에서 우러나온 것으로, 순간의 재능보다는 지속적인 노력이야말로 진정한 승리의 조건이라는 깨달음을 담고 있다.

04 노력과 인내에 관한 조언

끈기는 맹목적인 고집과는 다르다.

목표는 유지하되 방법은 유연하게
바꿔 나가는 지혜가 필요하다.

한 길이 막히면 다른 길을 찾고
한 가지 방법이 통하지 않으면 새로운 접근을 시도한다.

이러한 적응력과 끈기가 결합될 때
진정한 성공이 가능해진다.

나폴레옹도 수많은 전투에서 전략을
바꿔가며 끝까지 승리를 추구했다.

인생은 끈기 있는 사람에게만 진정한 성공을 선물한다.
마지막까지 서 있는 사람이 승자가 된다.

조언 출전 | 나폴레옹의 군사 작전과 정치적 철학에서 나온 대표적 발언
1) persevering : 끈기 있는, 인내하는

#끈기있는승리 #마지막까지노력하기 #포기하지않는의지

우연을 부르는 준비의 힘

루이 파스퇴르 (Louis Pasteur, 1822-1895)

관찰의 세계에서 우연은
준비된 자의 마음에만 찾아온다.

In the fields of observation chance favors
only the prepared[1] mind.

프랑스의 미생물학자이자 화학자인 루이 파스퇴르는 현대 의학과 미생물학의 아버지로 불린다. 그는 광견병 백신을 개발하고 저온살균법을 발명했으며, "생명은 생명으로부터만 나온다"는 생물속생설을 증명했다. 파스퇴르의 발견들은 우연이 아닌 철저한 준비와 지속적인 연구의 결과였다. 그는 매일 실험실에서 수많은 실험을 반복하며 가설을 검증했고, 그 과정에서 인류를 구할 위대한 발견들을 해냈다.

이 조언은 과학적 발견에서 '우연'이 아닌 '준비된 관찰'의 중요성을 강조하며, 노력 없는 행운은 존재하지 않는다는 그의 과학 철학을 보여준다.

04 노력과 인내에 관한 조언

기회는 모든 사람에게 공평하게 찾아온다.

하지만 그 기회를 알아보고 붙잡을 수 있는
사람은 오직 준비된 사람뿐이다.

준비된 사람은 작은 신호도 놓치지 않고
사소한 변화에서도 큰 가능성을 발견한다.

준비된 사람 주변에는 좋은 일들이
자주 일어나는 것처럼 보이지만
실제로는 그 사람이 평범한 일들을
좋은 기회로 바꾸는 능력을 갖추고 있기 때문이다.

지금 당신은 어떤 준비를 하고 있는가?
매일의 작은 준비가 언젠가 큰 운명으로 돌아올 것이다.

조언 출전 | 루이 파스퇴르가 릴 대학교(Université de Lille)에서 한 강연(1854)에서 나온 발언

1) prepared : 준비된, 대비된

#준비된마음 #기회를잡는능력 #노력으로만든운명

끝까지 버티는 자의 승리

존 D.록펠러 (John D. Rockefeller, 1839-1937)

어떤 종류의 성공에든
인내만큼 필수적인 자질은 없다고 생각한다.
인내는 거의 모든 것을, 심지어 자연까지도 극복한다.

I do not think that there is any other quality
so essential to success of any kind as the quality of
perseverance. It overcomes almost everything,
even nature.

미국의 사업가이자 자선가인 존 D. 록펠러는 스탠더드 오일 컴퍼니를 설립하여 19세기 말 석유 산업을 독점하며 역사상 가장 부유한 사람 중 한 명이 되었다. 그는 가난한 농가에서 태어나 16세에 사무원으로 사회생활을 시작했지만, 치밀한 계산과 장기적 관점으로 사업을 확장해나갔다. 특히 경쟁이 치열할 때 다른 기업들이 포기하는 순간까지 버텨서 시장을 장악하는 전략으로 유명했다. 말년에는 록펠러 재단을 설립하여 교육과 의학 발전에 막대한 기부를 했다.

이 조언은 사업에서의 지구전과 인내의 중요성을 강조하는 그의 핵심 철학을 보여준다.

04 노력과 인내에 관한 조언

많은 사람들이 성공 바로 앞에서 포기한다.

99%까지 왔는데 마지막 1%를 견디지 못해
모든 것을 잃는 경우가 흔하다.

하지만 그 마지막 1%를 버텨낸 사람은
100%의 성과를 얻게 된다.

이런 역설적인 상황이 인생에서는 자주 일어난다.
그렇기에 끝까지 버티는 것이 중요하다.

지금 당신이 힘들어하고 있다면,
그것은 포기하라는 신호가 아니라 성공이
가까워졌다는 신호일 수도 있다.

다른 사람들이 하나둘 떠나갈 때,
당신만은 그 자리에 남아있어 보자.

마지막까지 남아있는 자가 모든 것을 가져간다.

조언 출전 | 존 록펠러의 사업 철학과 경영 전략에서 나온 발언

1) outlast : ~보다 오래 지속하다, 버티다

#마지막까지버티기 #경쟁에서살아남기 #포기하지않는힘

노력을 존중하며 쌓는 진정한 힘

클린트 이스트우드 (Clint Eastwood, 1930-)

당신의 노력을 존중하라. 당신 자신을 존중하라.
자존감은 자제력을 낳는다.
이 둘을 모두 겸비하면 진정한 힘을 갖게 된다.

Respect your efforts. Respect yourself.
Self-respect leads to self-discipline[1].
When you have both firmly[2] under your belt,
that's real power.

미국의 배우이자 감독인 클린트 이스트우드는 서부영화의 아이콘에서 시작해 아카데미상 수상 감독까지 오른 할리우드의 전설이다. 90세가 넘은 지금도 왕성한 활동을 이어가는 그는 《더티 해리》, 《용서받지 못한 자》, 《밀리언 달러 베이비》 등을 통해 강인하면서도 성찰적인 캐릭터를 구현해 왔다.

이 조언은 외적인 성취보다 내적인 힘의 원천인 자존감과 자제력의 중요성을 강조하는 그의 인생 철학을 보여준다. 진정한 힘은 타인을 압도하는 것이 아니라 스스로를 다스리는 능력에서 나온다는 그의 성숙한 지혜가 담겨 있다.

04 노력과 인내에 관한 조언

많은 사람들이 자신의 노력을 과소평가한다.
결과가 즉시 나타나지 않으면
"별거 아니야"라며 자신의 수고를 폄하한다.

하지만 노력 자체를 존중해야 한다.
결과와 상관없이 최선을 다한 과정 자체가 가치 있기 때문이다.

이렇게 자신의 노력을 인정하고 존중하는 마음이
바로 건강한 자존감의 출발점이다.
그리고 이런 자존감은 자제력과 만나 더욱 강력해진다.

자존감과 자제력을 모두 갖춘 사람은
외부의 압력이나 유혹에 흔들리지 않는다.

남들이 뭐라고 하든 자신의 길을 가고
어려운 상황에서도 침착함을 유지하며
장기적 목표를 위해 단기적 욕구를 조절할 수 있다.

자존감과 자제력 그리고 노력이라는
세 기둥 위에 진정한 힘을 세워보자.

조언 출전 | 클린트 이스트우드의 인생 철학과 성공에 관한 인터뷰에서 나온 명언

1) discipline : 규율, 자제력 2) firmly : 확고히, 단단히

#자존감과자제력 #내적힘의원천 #진정한힘

멈추지 않는 발걸음의 힘

에이브러햄 링컨 (Abraham Lincoln, 1809-1865)

나는 천천히 걷지만, 결코 뒤로는 가지 않는다.
가장 중요한 것은 노력을 멈추지 않는 것이다.

I am a slow walker, but I never walk backwards[1].
The important thing is to never stop trying[2].

미국의 제16대 대통령 에이브러햄 링컨은 노예제를 폐지하고 남북전쟁을 승리로 이끈 위대한 지도자다. 그는 일리노이주의 가난한 통나무집에서 태어나 독학으로 변호사가 되었고, 수많은 정치적 실패를 겪은 후에야 대통령에 당선되었다. 1860년 대통령 선거에서는 의회 선거에서 여러 번 낙선한 바 있었고, 사업 실패로 파산 위기를 겪기도 했다. 하지만 그는 결코 포기하지 않았으며, 점진적이지만 꾸준한 노력으로 마침내 미국 역사상 가장 존경받는 대통령이 되었다.

이 조언은 빠른 성공보다는 지속적인 전진이야말로 진정한 성취의 비결이라는 그의 인생철학을 보여준다.

04 노력과 인내에 관한 조언

속도보다 방향이 중요하다.

빨리 가려고 서두르다 길을 잃거나 넘어지는 것보다
천천히라도 올바른 방향으로 꾸준히 가는 것이 더 현명하다.

세상은 빠른 성과를 요구하지만
진정한 성취에는 시간이 필요하다.

하루아침에 변하는 것은 쉽게 사라지지만
오랜 시간에 걸쳐 차근차근 쌓아 올린 것은 견고하다.

천천히 걷는 사람은 주변을 관찰할 여유가 있고
실수를 줄일 수 있으며, 지속 가능한 페이스를 유지할 수 있다.

급하게 뛰는 사람이 일시적으로 앞서나갈 수는 있지만
결국 마라톤에서는 꾸준한 사람이 승리한다.

조언 출전 | 에이브러햄 링컨의 연설과 정치 철학에서 나온 발언
1) backwards : 뒤로, 후진하는 2) trying : 시도하는, 노력하는

#천천히하지만꾸준히 #뒤로가지않는의지 #멈추지않는노력

인내라는 성공의 뿌리

지미 카터 (Jimmy Carter, 1924-2024)

인내는
성공의 가장 중요한 요소다.

Patience is the most
important ingredient[1] of success.

미국의 제39대 대통령 지미 카터는 조지아주의 땅콩 농장에서 자란 평범한 배경에서 출발하여 대통령까지 오른 인물이다. 비록 대통령 재임 중에는 경제 위기와 이란 인질 사건 등으로 어려움을 겪었지만, 퇴임 후 인권 운동과 평화 활동에 헌신하여 2002년 노벨평화상을 수상했다. 특히 95세가 넘은 나이에도 해비타트 포 휴매니티 활동을 계속하며 집짓기 봉사를 하는 등 평생에 걸친 꾸준한 실천으로 존경받았다. 그의 삶 자체가 빠른 성과보다는 지속적인 노력과 인내의 가치를 보여주는 산증인이다.

이 조언은 70여 년의 공직 생활과 봉사 활동을 통해 체득한 그의 깊은 통찰을 담고 있다.

04 노력과 인내에 관한 조언

인내는 다른 모든 성공 요소가
제대로 작동할 수 있도록
시간을 벌어주는 역할을 한다.

무엇보다 인내는
실패와 좌절을 견딜 수 있는 힘을 준다.

성공의 길에는 반드시 장애물과 시련이 기다린다.
그럴 때 포기하지 않고 계속 나아갈 수 있게 하는 것이
바로 인내의 힘이다.

지미 카터가 90대가 넘어서도 활동하며
세상을 변화시킨 것처럼
진정한 성공은 평생에 걸친 인내로 만들어진다.

지금 당신이 무언가를 기다리고 있다면
그 기다림을 헛되게 보내지 말자.

조언 출전 ㅣ 지미 카터의 정치적 신념과 인생 철학에서 나온 발언

1) ingredient : 요소, 성분

#인내는성공의기초 #기다리며노력하기 #평생에걸친성취

· 05 ·

관계와
신뢰에
관한
조언

모든 관계는 '나'를 내려놓는 연습에서 시작된다.
상대방을 온전히 이해하려면
내 안의 편견과 판단을 잠시 멈춰야 한다.
진정한 공감은 그 사람의 눈으로
세상을 바라보는 용기에서 나온다.

신뢰는 약속을 지키는
작은 행동들이 모여 쌓아 올린 견고한 성이다.
이 성은 한 번의 거짓으로도 쉽게 무너진다.
깨진 유리처럼 다시 붙일 수는 있지만
그 균열의 흔적은 영원히 남는다.

함께한다는 것은
서로의 차이를 인정하고 부족함을 채워주는 것이다.
관계의 시작은 우연일지라도
그 관계를 지켜나가는 것은 끝없는 노력과 책임이다.
진심이라는 빛이 비치어야만,
비로소 관계라는 길 위에서 흔들리지 않고 나아갈 수 있다.

이해라는 관계의 출발점

칼 로저스 (Carl Rogers, 1902-1987)

흥미로운 역설은, 내가 있는 그대로의 나를 받아들일 때 비로소 내가 변할 수 있다는 점이다. 내가 다른 사람을 있는 그대로 받아들이면, 그들은 자유롭게 변할 수 있다.

The curious paradox[1] is that when I accept myself
just as I am, then I can change.
When I accept another person just as they are,
then they are free to change.

미국의 심리학자 칼 로저스는 인본주의 심리학의 아버지로 불리며, 내담자 중심 치료법을 개발한 혁신적인 학자다. 그는 기존의 정신분석학과 행동주의 심리학을 넘어서 인간의 본질적 선함과 성장 잠재력을 믿는 새로운 접근법을 제시했다. 특히 무조건적 긍정적 관심, 공감적 이해, 진정성이라는 세 가지 핵심 요소를 통해 치료적 관계를 구축하는 방법을 체계화했다. 그의 이론은 심리치료를 넘어 교육, 경영, 가족 관계 등 다양한 분야에 영향을 미쳤다.

이 조언은 자신과 상대방을 있는 그대로 받아들일 때 진정한 변화와 성장이 가능하다는 그의 핵심 철학을 보여준다.

05 관계와 신뢰에 관한 조언

좋은 관계의 핵심은
서로의 불완전함을 인정하는 것이다.
완벽한 사람은 없고
모든 사람은 각자의 상처와 한계를 가지고 있다.

그 불완전함을
고쳐야 할 결함으로 보지 않고
그 사람만의 독특함으로 받아들일 때
진정한 친밀감이 형성된다.

이러한 관계 속에서 사람들은
자신을 숨기거나 포장할 필요 없이
진실한 모습으로 살 수 있다.

그리고 그러한 자유로움 속에서
자연스럽게 성장하고 변화한다.

조언 출전 | 칼 로저스의 저서 《진실한 만남(On Becoming a Person)》(1961)과 인본주의 심리학 이론에서 나온 핵심 사상

1) paradox : 역설, 모순

#상대방이해하기 #있는그대로받아들이기 #진정한소통

진정한 공감의 본질

찰스 R. 스윈돌 (Charles R. Swindoll, 1934-)

연민이란 타인의 삶을 마치 내 삶처럼 느끼는 능력이다. 그것은 당신에게 평화와 기쁨이 찾아오기 전에는 나에게도 진정한 평화와 기쁨이 찾아오지 않는다는 사실을 아는 것이다.

Compassion[1] is sometimes the fatal capacity[2] for feeling what it is like to live inside somebody else's skin. It is the knowledge that there can never really be any peace and joy for me until there is peace and joy finally for you too.

미국의 목사이자 기독교 작가인 찰스 R. 스윈돌은 50년 이상 목회를 하며 수많은 사람들의 아픔과 기쁨을 함께 해온 영적 지도자다. 그는 텍사스주 댈러스 신학교에서 총장을 역임했으며, 라디오 프로그램 "Insight for Living"을 통해 전 세계에 메시지를 전하고 있다. 80권이 넘는 저서를 통해 실용적이고 따뜻한 영적 지혜를 나누어왔다. 그의 메시지는 복잡한 신학 이론보다는 일상에서 실천할 수 있는 사랑과 위로에 초점을 맞춘다.

이 조언은 오랜 목회 경험을 통해 깨달은 진정한 공감의 본질에 대한 통찰을 담고 있다.

05 관계와 신뢰에 관한 조언

진정한 연민은 단순히 타인을 불쌍히 여기는 감정이 아니다.

그것은 타인의 기쁨과 슬픔, 고통과 환희를
마치 내 것처럼 느낄 수 있는 깊은 공감의 능력이다.

표면적인 동정심과는 차원이 다른
존재의 뿌리에서 우러나오는 따뜻함이다.

진정한 연민은 자기중심적인 시각에서 벗어나게 해준다.

타인의 눈으로 세상을 바라보고
타인의 마음으로 상황을 이해하며
타인의 입장에서 문제를 해결하려 노력하게 된다.

이러한 과정에서 우리는 자신만의 좁은 세계에서 나와
더 넓고 풍요로운 인간적 경험을 하게 된다.

조언 출전 | 프레드릭 뷰크너(Frederick Buechner, 1926-2022)의 저서 《Wishful Thinking: A Seeker's ABC》(1973)

1) compassion : 연민, 공감 2) capacity : 능력, 역량

#진정한연민 #상호의존적행복 #공동체적평화

신뢰라는 깨지기 쉬운 보물

워런 버핏 (Warren Buffett, 1930-)

신뢰를 쌓는 데는 20년이 걸리지만
무너뜨리는 데는 5분이면 충분하다.
이것을 생각한다면, 당신은 행동을 다르게 하게 될 것이다.

It takes 20 years to build a reputation[1]
and five minutes to ruin[2] it.
If you think about that, you'll do things differently.

"오마하의 현인"이라 불리는 워런 버핏은 세계 최고의 투자자이자 버크셔 해서웨이의 회장이다. 그는 60년 이상 투자 업계에서 활동하며 연평균 20% 이상의 수익률을 기록해 "투자의 신"이라 불린다. 하지만 그의 성공 비결은 단순히 투자 기법이 아니라 철저한 윤리의식과 장기적 관점에 있다. 그는 평생에 걸쳐 정직하고 투명한 경영을 통해 투자자들의 신뢰를 쌓아왔으며, 이것이 그의 가장 큰 자산이라고 여긴다.

이 조언은 비즈니스뿐 아니라 모든 인간관계에서 신뢰의 소중함과 취약성을 경고하는 그의 핵심 가치관을 보여준다.

05 관계와 신뢰에 관한 조언

신뢰는 인간관계의 통화와 같다.
모든 소통과 거래의 기반이 되는 가장 소중한 자산이다.

이러한 신뢰는 하루아침에 만들어지지 않는다.

매일의 작은 선택들이 모여 신뢰라는
거대한 건물을 짓는 벽돌이 된다.

하지만 그 소중한 신뢰는 한순간의 실수로 무너질 수 있다.
거짓말 한 번, 약속 위반 한 번, 배신 한 번이면 충분하다.

이것이 신뢰의 잔혹한 현실이다.

그렇기에 신뢰의 가치를 아는 사람은
그것을 지키기 위해 기꺼이 희생한다.

조언 출전 | 워런 버핏의 투자 철학과 비즈니스 윤리에 관한 발언에서 나온 발언
1) reputation : 평판, 신뢰 2) ruin : 망치다, 파괴하다

#신뢰의소중함 #평판관리 #정직한삶

함께한다는 것의 힘

로리 데셔네 (Lori Deschene, 1981-)

공감은 해답을 주는 것이 아니라
함께 있어주는 것이다.

Empathy[1] is not about providing answers;
it's about being present[2].

미국의 작가이자 블로거인 로리 데셔네는 "Tiny Buddha" 웹사이트의 창립자로, 현대인들의 정신건강과 마음 챙김에 대한 실용적 조언을 제공하는 것으로 유명하다. 그녀는 자신의 우울증과 섭식장애 경험을 바탕으로 치유와 성장에 관한 글을 써왔으며, 수백만 명의 독자들에게 위로와 영감을 주고 있다. 특히 복잡한 심리학 이론보다는 일상에서 실천할 수 있는 작은 지혜들을 전하는 것으로 사랑받고 있다.

이 조언은 고통받는 사람들과의 만남에서 얻은 그녀의 깊은 통찰을 보여주며, 진정한 공감의 본질에 대한 이해를 담고 있다.

누군가 어려움을 토로할 때 그들은 그저
자신의 아픔을 누군가가 이해해 주고
혼자가 아니라는 것을 느끼고 싶어 하는 것일 수 있다.

데셔네가 말하는 진정한 공감은 바로 이런 '함께 있어줌'의 힘이다.

이러한 공감은 상처받은 마음에 가장 필요한 약이 된다.

함께 있어준다는 것은 단순히 물리적 존재감이 아니다.
마음으로 온전히 그 사람과 함께하는 것이다.

그들의 눈물을 재촉하지 않고
슬픔을 빨리 털어내라 하지 않으며
그 감정이 자연스럽게 흘러가도록 공간을 내어주는 것이다.

조언 출전 | 로리 데셔네의 블로그 "Tiny Buddha"와 관련 저서에서 나온 문장

1) empathy : 공감, 감정이입 2) present : 현재에 있는, 함께하는

#진정한공감 #함께있어주기 #마음으로다가가기

믿음이라는 관계의 기초

사이먼 시넥 (Simon Sinek, 1973-)

신뢰를 얻고 싶다면, 먼저 믿을 수 있는 사람이 되어야 한다.
사람들이 안심하고 의지할 수 있는 사람이 되는 것이다.

To earn trust[1], you must first be trustworthy[2].
You must be someone who can be relied upon[3].

영국 태생의 미국 작가이자 동기부여 연설가인 사이먼 시넥은 조직 리더십과 인간관계에 대한 혁신적 통찰로 유명하다. 그의 TED 강연 "위대한 리더들이 행동을 이끌어내는 법"은 6천만 회 이상 조회되며 역대 최고 인기를 기록했다. 그는 《Start With Why》, 《Leaders Eat Last》등의 저서를 통해 진정한 리더십은 권력이 아닌 신뢰에서 나온다는 철학을 전파하고 있다. 그의 이론은 애플, 마이크로소프트 등 글로벌 기업들의 경영진에게 영향을 미쳤으며, 군대와 정부 기관에서도 활용되고 있다.

이 조언은 관계의 주도권을 잡으려 하기보다는 먼저 믿을 만한 사람이 되어야 한다는 그의 핵심 철학을 보여준다.

05 관계와 신뢰에 관한 조언

사람에게 믿음을 주는 가장 중요한 특징은
바로 예측 가능성이다.

좋을 때나 나쁠 때나 일관된 모습을 보이고
약속을 반드시 지키며
어려운 상황에서도 원칙을 굽히지 않는다.

이러한 일관성이 쌓이면서 사람들은
"이 사람은 믿을 수 있다"라는 확신을 갖게 된다.

믿음을 주는 것은 투자와 같다.

당장 눈에 보이는 수익은 없지만
시간이 지날수록 그 가치가 드러난다.

조언 출전 | 사이먼 시넥의 저서 《Start With Why》와 리더십에 관한 강연에서 나온 핵심 메시지

1) trust : 신뢰, 믿음 2) trustworthy : 신뢰할 만한, 믿을 만한
3) relied upon : 의지할 수 있는, 믿고 맡길 수 있는

#믿음을주는사람 #신뢰할만한관계 #진정성있는소통

관점의 전환이 만드는 이해

하퍼 리 (Harper Lee, 1926-2016)

누군가를 진정으로 이해하려면, 그 사람의 관점에서 생각하고 마치 그의 피부 속으로 들어가 그 안에서 걸어보아야 한다.

You never really understand a person until you consider[1] things from his point of view until you climb[2] into his skin and walk around in it.

미국의 소설가 하퍼 리는 《앵무새 죽이기》 한 작품으로 문학사에 길이 남을 족적을 남긴 작가다. 이 소설은 1930년대 미국 남부를 배경으로 인종차별과 편견, 성장과 도덕적 용기를 다룬 작품으로 1961년 퓰리처상을 수상했다. 작품 속 변호사 애티커스 핀치는 흑인 남성을 변호하며 편견에 맞서는 인물로, 미국 문학 사상 가장 존경받는 아버지 캐릭터 중 하나로 꼽힌다.

이 조언은 그가 어린 딸에게 다른 사람을 판단하기 전에 그들의 입장에서 생각해 보라고 가르치는 장면에서 나온 것으로, 진정한 이해와 공감의 본질을 보여준다.

05 관계와 신뢰에 관한 조언

우리는 자신의 관점에서만 세상을 바라보는 경향이 있다.
자신의 경험, 가치관, 상황을 기준으로
다른 사람의 행동을 판단하는 것이다.

진정으로 누군가를 이해하려면
그 사람이 걸어온 길을 상상해 보고
그들이 마주한 어려움을 생각해 보며
그들의 입장에서 선택의 순간들을 돌아봐야 한다.

이러한 깊은 공감을 통해서만
겉으로는 이해할 수 없었던 행동들의 진짜 이유를 알 수 있다.

타인의 관점에서 세상을 바라본다는 것은
나의 좁은 시각에서 벗어나
더 넓은 인간적 이해에 도달하는 과정이다.

조언 출전 | 하퍼 리의 소설 《앵무새 죽이기(To Kill a Mockingbird)》에서 애티커스 핀치가 딸 스카우트에게 한 말

1) consider : 고려하다, 생각해보다 2) climb : 오르다, 들어가다

#상대방입장이해하기 #진정한공감 #편견넘어서기

진실이라는 신뢰의 씨앗

브레네 브라운 (Brené Brown, 1965-)

신뢰는 어려울 때에도
진실을 말할 용기에서 비롯된다.

Trust is built on the courage[1] to speak the truth,
even when it's difficult.

미국의 연구교수이자 작가인 브레네 브라운은 휴스턴 대학교에서 20년간 취약성, 용기, 수치심, 공감에 대해 연구한 세계적 권위자다. 그녀의 TED 강연 "취약성의 힘"은 6천만 회 이상 조회되며 전 세계적 반향을 일으켰다. 《마음을 다해 살아가기》, 《불완전한 용기》, 《용기 있는 리더십》 등의 저서를 통해 진정성 있는 삶과 리더십에 대한 통찰을 제시했다. 그녀는 개인적 취약함을 인정하고 진실을 드러내는 것이야말로 진정한 연결과 신뢰의 기초라고 주장한다.

이 조언은 수많은 인터뷰와 연구를 통해 발견한 신뢰 구축의 핵심 요소에 대한 그녀의 깊은 이해를 보여준다.

05 관계와 신뢰에 관한 조언

진실을 말하는 것은 쉽지 않다.

특히 그 진실이 불편하거나
상대방을 실망시킬 수 있거나
자신에게 불리할 때는 더욱 그렇다.

하지만 바로 그 어려운 순간에
진실을 택하는 것이야말로
신뢰의 기초를 다지는 일이다.

진정한 용기는 상대방과의 관계를
더 깊게 만들기 위해
어려운 대화를 시작하는 데 있다.

그 용기 있는 대화가 관계를 한 단계
더 깊은 곳으로 이끌어 갈 것이다.

조언 출전 | 브레네 브라운이 강연에서나 그의 저서 《용기 있는 리더십(Dare to Lead)》에서 자주 인용한 문구

1) courage : 용기, 담력

#진실을말할용기 #취약함의힘 #신뢰구축하기

감정을 넘어선 깊은 이해

마셜 로젠버그 (Marshall Rosenberg, 1934-2015)

공감은 다른 사람의 감정에 동조하는 것이 아니라 그들의 경험을 이해하는 것이다.

Empathy is not about agreeing[1] with someone's emotions, but understanding their experience[2].

미국의 심리학자이자 평화운동가인 마셜 로젠버그는 '비폭력 대화(NVC)' 이론의 창시자다. 그는 50년 이상 갈등 조정과 평화 구축에 헌신하며 전 세계 65개국에서 활동했다. 특히 팔레스타인-이스라엘 분쟁, 르완다 내전, 남아프리카공화국의 인종 갈등 등 심각한 대립 상황에서 비폭력 대화를 통해 화해를 이끌어냈다. 그의 NVC 모델은 관찰, 감정, 욕구, 부탁이라는 네 단계를 통해 진정한 소통을 가능하게 한다.

이 조언은 진정한 공감이 단순한 감정적 동조를 넘어서 상대방의 내면세계를 깊이 이해하는 것임을 강조하는 그의 핵심 철학을 보여준다.

05 관계와 신뢰에 관한 조언

우리는 종종 누군가 슬퍼하면 함께 슬퍼하고
화를 내면 같이 분노하는 것이 공감이라고 생각한다.

하지만 진정한 공감은 상대방의 감정을
내 것처럼 느끼는 것이 아니라
그들이 왜 그런 감정을 느끼는지 이해하는 것이다.

화를 내는 사람은 단순히 분노를 표출하고
싶은 것이 아니라 인정받고 싶거나
안전함을 느끼고 싶을 수 있다.

슬퍼하는 사람은 위로받고 싶을 수도 있지만
때로는 혼자 있을 시간이 필요할 수도 있다.

그런 깊은 이해야말로 가장 큰 위로와 도움이 될 것이다.

조언 출전 | 마셜 로젠버그의 저서 《비폭력 대화(Nonviolent Communication)》와 관련 워크숍에서 나온 핵심 사상

1) agreeing : 동의하는, 동조하는   2) experience : 경험, 체험

#진정한공감 #경험이해하기 #감정을넘어선이해

경청이라는 관계의 시작

어니스트 헤밍웨이 (Ernest Hemingway, 1899-1961)

좋은 인간관계는 듣는 데서 시작된다.
대부분의 사람들은 제대로 듣지 않는다.

When people talk, listen completely[1].
Most people never listen.

미국의 소설가이자 저널리스트인 어니스트 헤밍웨이는 20세기를 대표하는 문학가 중 한 명이다. 《무기여 잘 있거라》, 《노인과 바다》, 《누구를 위하여 종은 울리나》 등의 작품으로 1954년 노벨문학상을 수상했다. 그는 간결하면서도 강렬한 문체로 유명하며, 전쟁 특파원으로 활동하면서 수많은 사람들과 만나고 대화했다. 특히 그의 작품 속 대화는 매우 사실적이고 생생한데, 이는 그가 실제 사람들의 말을 주의 깊게 듣고 관찰한 결과다.

이 조언은 작가로서 인간의 본성을 깊이 탐구하고, 기자로서 다양한 사람들과 소통해온 그의 경험에서 우러나온 지혜를 보여준다.

05 관계와 신뢰에 관한 조언

대부분의 사람들은 대화할 때
듣기보다는 말하기에만 집중한다.

상대방이 이야기하는 동안에도 자신이 할 말을 준비하거나
자신의 경험담을 떠올리거나, 어떻게 반박할지 생각한다.

반면, 온전히 듣는 사람은 다르다.
상대방의 말뿐만 아니라 표정, 목소리 톤
말하지 않은 것까지 모두 포착한다.

이러한 깊은 듣기가 있을 때 비로소 진정한 소통이 시작된다.

좋은 듣기는 기술이 아니라 태도의 문제다.
오직 상대방에게만 집중하는 것이다.

듣기만 잘해도 당신은 이미 소중한 사람이 될 수 있다.

조언 출전 | 어니스트 헤밍웨이의 작품 《강을 건너 숲 속으로(Across the River and Into the Trees)》(1950) 속 인물(Colonel Cantwell)의 대사

1) completely : 완전히, 온전히

#온전히듣기 #진정한대화 #마음으로듣기

선물이면서 동시에 책임인 관계

마가렛 미드 (Margaret Mead, 1901-1978)

관계는 서로에게 주는
선물인 동시에 책임이다.

Relationships are both a gift[1] and a responsibility[2]
we give to each other.

미국의 문화 인류학자 마가렛 미드는 20세기 가장 영향력 있는 인류학자 중 한 명이다. 그녀는 사모아, 뉴기니, 발리 등 태평양 지역의 원주민 사회를 연구하여 문화가 개인의 성격과 행동에 미치는 영향을 밝혔다. 특히 《사모아의 성년(Coming of Age in Samoa)》을 통해 청소년기가 문화적 구성물임을 증명하여 큰 반향을 일으켰다. 그녀는 평생에 걸쳐 다양한 문화 속에서 인간관계의 본질을 관찰했으며, 관계가 단순한 개인적 만족을 넘어서 사회적 책무임을 강조했다.

이 조언은 수많은 문화권에서 인간관계를 연구한 그녀의 깊은 통찰을 담고 있다.

사랑하는 사람과 함께하는 시간
친구와 나누는 웃음
가족의 따뜻한 지지는 그 자체로 축복이다.

이런 관계들이 있기에
우리는 외로움을 극복하고
어려운 시기를 견디며
인생의 소중한 순간들을 더욱 빛나게 할 수 있다.

하지만 이런 관계에는 책임이 따른다.
상대방의 감정을 배려하고
어려울 때 도와주며
서로의 성장을 지원해야 하는 의무가 바로 그것이다.

이 두 측면을 모두 받아들일 때
관계는 진정으로 성숙해진다.

조언 출전 | 마가렛 미드의 인류학 연구와 사회적 관계에 대한 저술에서 나온 통찰
1) gift : 선물, 축복 2) responsibility : 책임, 의무

#관계의선물과책임 #감사하는마음 #성숙한관계

06

사랑과 행복에 관한 조언

진정한 사랑은 조건이 없을 때 가장 아름답다.
사랑은 타고난 감정이라기보다
끊임없는 연습을 통해 완성되는 기술이다.
무관심의 그림자가 드리워도
사랑의 빛은 언제나 길을 찾는다.

행복은 멀리 있지 않다.
지금, 여기에 머무는 마음이 행복의 출발점이다.
가진 것에 감사하는 지혜야말로 행복의 진짜 열쇠다.

사랑에는 모든 것을 치유하는 마법이 있다.
세상이 무너진 듯한 순간에도
사랑이라는 온기 하나가 다시 일어설 힘을 준다.
사랑과 행복은 서로를 비추는 빛과 같다.
사랑을 나눌 때 비로소 행복이 피어나고
그 행복은 다시금 사랑을 키우는 씨앗이 된다.
이 둘이 함께할 때
비로소 우리의 삶은 진정한 의미로 완성된다.

조건 없는 사랑의 아름다움

오스카 와일드 (Oscar Wilde, 1854-1900)

사랑이 열정이 아니라면, 그것은 사랑이 아니다.
사랑은 사랑받는 것이 아니라 사랑하는 것이다.

When love is not madness[1], it is not love.
Love is not about being loved back. It's about loving.

19세기 아일랜드 출신의 극작가이자 소설가, 시인인 오스카 와일드는 빅토리아 시대 영국 문학계의 천재적 인물이었다. 《도리안 그레이의 초상》, 《진지함의 중요성》 등의 작품으로 유명하며, 기지 넘치는 문장과 예술을 위한 예술을 추구하는 유미주의로 알려져 있다. 그는 관습에 얽매이지 않는 자유로운 영혼의 소유자였으며, 사랑과 아름다움에 대한 독특한 철학을 가지고 있었다. 말년에는 동성애로 인해 감옥에 갇히는 시련을 겪었지만, 그 경험조차 더 깊은 인간적 통찰로 승화시켰다.

이 조언은 진정한 사랑이 보상을 기대하지 않는 순수한 감정이어야 한다는 그의 예술가적 이상을 보여준다.

06 사랑과 행복에 관한 조언

사랑받기 위해 사랑하는 것은
결국 자신을 위한 투자다.
하지만 진정한 사랑은
투자가 아니라 선물이다.

돌려받을 것을 기대하지 않고 주는 것
상대방이 어떤 반응을 보이든 변함없이
베풀 수 있는 것이 바로 진짜 사랑이다.

이런 사랑을 할 때 우리는 비로소 자유로워진다.

상대방의 눈치를 보지 않아도 되고
사랑이 식을까 봐 전전긍긍하지 않아도 되며
거부당할까 봐 자신을 숨기지 않아도 된다.

순수한 사랑의 기쁨만 남는다.

조언 출전 | 오스카 와일드의 문학 작품과 일상에서의 사랑관에 대한 철학적 성찰에서 나온 문장

1) madness : 광기, 열정

#무조건적사랑 #순수한마음 #사랑의자유

조화로운 삶에서 피어나는 행복

마하트마 간디 (Mahatma Gandhi, 1869-1948)

행복은 우리가 생각하고, 말하고,
행동하는 것이 조화를 이룰 때 온다.

Happiness is when what you think, what you say,
and what you do are in harmony[1].

인도 독립운동의 아버지이자 비폭력 저항운동의 상징인 마하트마 간디는 20세기 가장 영향력 있는 정신적 지도자 중 한 명이다. 그는 사티아그라하(진리 고수)라는 비폭력 저항 철학을 통해 영국으로부터 인도의 독립을 이끌어냈다. 간디의 삶은 그 자체가 자신의 철학을 실천하는 모범이었으며, 생각과 말과 행동이 완전히 일치하는 통합된 인격체였다. 그는 개인의 내적 평화가 사회의 평화로 이어진다고 믿었으며, 진정한 행복은 외부 조건이 아닌 내면의 일관성에서 나온다고 가르쳤다.

이 조언은 그의 평생에 걸친 실천과 깨달음이 응축된 지혜를 보여준다.

진정한 행복은 우리 존재의 세 가지 차원
즉 생각, 말, 그리고 행동이 한 방향을 향할 때 찾아온다.

생각은 우리의 내면 세계를
말은 타인과의 소통을
행동은 현실 속 실천을 담당한다.

이 세 요소가 서로 다른 방향으로 흩어지면
우리는 끊임없는 내적 갈등 속에서 에너지를 소모하게 된다.

반대로 이 셋이 조화를 이루면 놀라운 일이 일어난다.

삶에 일관성과 자신감이 생기고
타인과의 관계도 더욱 진실해진다.

조언 출전 | 마하트마 간디의 철학적 사상과 비폭력 운동의 핵심 원리에서 나온 문장

1) harmony : 조화, 화합

연습으로 완성되는 사랑의 기술

에리히 프롬 (Erich Fromm, 1900-1980)

사랑은 기술이다.
배우고 연습해야 하는 능력이다.

Love is an art[1].
It is a skill[2] that must be learned and practiced[3].

독일 출신의 정신분석학자이자 사회심리학자인 에리히 프롬은 20세기 가장 영향력 있는 사상가 중 한 명이다. 그는 프로이트의 정신분석학과 마르크스의 사회이론을 융합하여 인간의 내적 갈등과 사회적 소외 문제를 다뤘다. 특히 《사랑의 기술》, 《자유로부터의 도피》, 《소유냐 존재냐》 등의 저서를 통해 현대인의 실존적 문제를 깊이 탐구했다. 그는 사랑을 단순한 감정이 아닌 의식적인 노력과 실천이 필요한 능력으로 보았으며, 진정한 사랑은 자기 성장과 타인에 대한 깊은 이해를 바탕으로 한다고 주장했다.

이 조언은 사랑에 대한 로맨틱한 환상을 깨고 현실적이고 실용적인 접근을 제시하는 그의 핵심 철학을 담고 있다.

06 사랑과 행복에 관한 조언

사랑을 기술로 본다고 해서 계산적이거나
차갑게 느껴지는 것은 아니다.

오히려 더 깊고 따뜻한 사랑을 위한 준비 과정이다.

악기를 연주하는 기술을 익혀야
아름다운 음악을 만들 수 있듯이
사랑의 기술을 익혀야
진정으로 아름다운 관계를 만들 수 있다.

관계가 어려워졌을 때
"사랑이 식었다"라고 생각하기보다
관계를 유지하는 힘을 키울 방법을 찾아야 한다.

사랑도 다른 기술들처럼
꾸준한 노력으로 더 숙련될 수 있다.
그 연습의 과정 자체가
관계를 더욱 풍요롭게 만들어 줄 것이다.

조언 출전 | 에리히 프롬의 대표작 《사랑의 기술(The Art of Loving)》에서 나온 핵심 명제
1) art : 예술, 기술 2) skill : 기능, 능력 3) practice: 연습하다, 실천하다

#사랑의기술 #연습하는사랑 #성숙한관계

지금, 여기에 머무는 행복

에크하르트 톨레 (Eckhart Tolle, 1948-)

지금 이 순간에 머물 때만
진정한 행복을 느낄 수 있다.

True happiness can only be found
when you remain present[1] in this moment.

독일 태생의 영성 교사이자 작가인 에크하르트 톨레는 현대 영성 운동의 대표적 인물이다. 29세에 심각한 우울증을 겪다가 갑작스러운 영적 깨달음을 경험한 후, 현재 순간의 중요성을 가르치기 시작했다. 그의 저서 《지금 이 순간의 힘》과 《새로운 지구》는 전 세계적으로 수백만 부가 팔리며 많은 사람들에게 영감을 주었다. 그는 복잡한 철학적 개념을 일상에서 실천할 수 있는 구체적인 방법으로 제시하는 것으로 유명하다.

이 조언은 과거의 후회나 미래의 불안에서 벗어나 오직 현재에 집중할 때 비로소 진정한 평화와 행복을 경험할 수 있다는 그의 핵심 가르침을 보여준다.

06 사랑과 행복에 관한 조언

우리의 마음은 늘 현재를 벗어나 있다.

과거의 실수를 후회하거나
오지 않은 미래를 걱정하거나
지금 없는 것들을 그리워하며 살아간다.

하지만 실제로 우리가 살고 있는 곳은 오직 현재뿐이다.

과거는 이미 지나갔고
미래는 아직 오지 않았다.
그런데도 우리는 존재하지 않는 시간에
마음을 빼앗겨 정작 지금 이 순간을 놓친다.

잠시 멈춰서 깊게 숨을 들이쉬고
지금 여기에 있는 자신을 느껴보자.
그 속에서 작지만 확실한 행복을 발견하게 될 것이다.

조언 출전 | 에크하르트 톨레의 대표작 《지금 이 순간의 힘(The Power of Now)》에서 나온 핵심 메시지

1) present : 현재에 있는, 온전히 집중하는

#현재순간의힘 #지금여기집중 #내적평화

무관심이라는 가장 깊은 어둠

테레사 수녀 (Mother Teresa, 1910-1997)

사랑의 반대는
미움이 아니라 무관심이다.

The opposite[1] of love is not hate,
it's indifference[2].

알바니아 출신의 가톨릭 수녀인 테레사 수녀는 평생을 인도 캘커타의 가난한 사람들을 위해 헌신한 성인이다. 그녀는 18세에 수녀가 되어 인도로 가서 "죽어가는 자들의 집"을 운영하며 버려진 사람들을 돌보았다. 1979년 노벨평화상을 수상했으며, 2016년 가톨릭 성인으로 시성 되었다. 그녀가 목격한 것은 단순한 가난이 아니라 사회로부터 완전히 외면 당한 사람들의 절망이었다. 아무도 관심을 갖지 않는 상황에서 사람들은 존재 자체를 부정당하며 살아갔다.

이 조언은 가난하고 소외된 이들과 함께하며 깨달은, 인간에게는 관심과 인정이 얼마나 절실한지에 대한 통찰을 담고 있다.

06 사랑과 행복에 관한 조언

미움은 적어도 감정의 한 형태다.
누군가를 미워하는 사람은 그 대상을
의식하고, 반응하고, 에너지를 쏟게 된다.

비록 부정적인 감정일지라도
여전히 관계의 형태를 유지한다.
하지만 무관심은 이와 완전히 다르다.

상대방을 아예 존재하지 않는 것처럼 취급한다.
그들의 고통도, 기쁨도, 필요도 전혀 인식하지 못한다.

누군가에게 미움을 받는 것은 상처를 주지만,
완전히 무시당하는 것은 존재 자체를 부정당하는 느낌을 준다.

이것이야말로 인간이 경험할 수 있는 가장 깊은 소외감이다.

조언 출전 | 테레사 수녀의 봉사 활동과 인도 캘커타에서의 경험에서 우러나온 메시지

1) opposite : 반대, 정반대 2) indifference : 무관심, 냉담

#무관심의위험 #관심이주는사랑 #존재를인정하기

가진 것에 기뻐하는 지혜

에픽테토스 (Epictetus, 약 55–135)

지혜로운 사람은
자신이 가지지 못한 것을 슬퍼하지 않고 가진 것을 기뻐한다.

He is a wise man who does not grieve[1] for the things which he has not, but rejoices[2] for those which he has.

고대 그리스의 스토아 철학자 에픽테토스는 노예 출신으로 태어나 후에 자유인이 되어 철학을 가르친 독특한 경력의 사상가다. 그는 신체적 장애에도 불구하고 내적 자유와 정신적 평정에 대한 깊은 통찰을 발전시켰다. 스토아 철학의 핵심인 "우리가 통제할 수 있는 것과 없는 것의 구분"을 체계화했으며, 외부 상황보다는 그에 대한 우리의 태도가 행복을 결정한다고 가르쳤다. 그의 철학은 마르쿠스 아우렐리우스 황제에게도 영향을 미쳤으며, 현대의 인지행동치료의 이론적 기초가 되기도 했다.

이 조언은 만족과 불만족이 소유의 양이 아닌 마음의 태도에서 나온다는 그의 핵심 통찰을 보여준다.

06 사랑과 행복에 관한 조언

현대 사회는 끊임없이 더 많은 것을 원하도록 부추긴다.
우리는 더 좋은 집, 더 비싼 차, 더 높은 연봉
그리고 더 많은 인정을 추구하며 살아간다.

하지만 이상하게도 더 많이 가져도
만족감이 늘어나지 않는다는 것이다.

목표를 달성하면 잠시 기쁘지만, 곧 새로운 욕망이 생겨난다.

이것은 감사하는 마음이 없기 때문이다.
가진 것에 감사할 줄 모르는 마음은 아무리 많이 채워도
계속 비어 있다고 느낀다.

마치 구멍 뚫린 양동이에 물을 붓는 것과 같다.

조언 출전 | 에픽테토스의 《담화록(Discourses)》과 스토아 철학의 핵심 사상에서 나온 문장
1) grieve : 슬퍼하다, 애통해하다 2) rejoice : 기뻐하다, 즐거워하다

#감사하는마음 #현재에만족하기 #풍요로운삶

행복과 불행의 서로 다른 법칙

레프 톨스토이 (Leo Tolstoy, 1828년-1910년)

행복한 가정은 모두 비슷하지만
불행한 가정은 저마다 다른 이유로 불행하다.

All happy families are alike[1];
each unhappy family is unhappy in its own way.

러시아의 대문호 레프 톨스토이는 《전쟁과 평화》, 《안나 카레니나》 등으로 세계 문학사에 길이 남을 족적을 남긴 작가다. 그는 귀족 출신이었지만 농노들의 삶에 깊은 관심을 가졌으며, 말년에는 비폭력주의와 단순한 삶을 추구했다. 《안나 카레니나》는 19세기 러시아 사회의 다양한 가정들을 그려내며 인간의 복잡한 내면을 탐구한 작품이다.

이 소설의 첫 문장인 이 조언은 단순해 보이지만 인간관계와 가정생활의 본질에 대한 깊은 통찰을 담고 있다. 행복한 관계에는 공통된 요소들이 있지만, 불행은 다양한 원인들이 복합적으로 작용하여 나타난다는 톨스토이의 관찰을 보여준다.

06 사랑과 행복에 관한 조언

행복한 가정이 서로 닮아 있다는 말은
행복이 일정한 조건의 충족에서 비롯된다는 것이다.

최소한의 존중, 신뢰, 대화, 그리고 공동체적 연대라는
기본 요소가 갖추어지면 가정은 안정적인 상태를 유지한다.

즉, 행복은 일종의 균형 상태이며
그것이 지속되는 동안 특별히 다른 형태를 띠지 않는다.

그러나 불행의 경우, 사정은 다르다.
불행은 균형의 무너짐에서 비롯되지만
그 무너짐의 방식은 무수히 다양하다.

행복은 단순하기에 언제든 놓칠 수 있고
불행은 사소한 균열이 방치될 때 무한히 확산될 수 있다.

우리는 행복의 단순함을 과소평가하지 않고
불행의 다양성을 두려워해야 한다.

조언 출전 | 레프 톨스토이의 소설 《안나 카레니나(Anna Karenina)》의 유명한 첫 문장
1) alike : 비슷한, 같은

#행복의공통요소 #불행의개별성 #관계의기본원칙

치유하는 사랑의 힘

마야 안젤루 (Maya Angelou, 1928-2014)

사랑은 모든 고통을 치유하는
가장 강력한 힘이다.

Love is the most powerful force
that heals all pain.

미국의 시인이자 작가, 인권 운동가인 마야 안젤루는 20세기 아프리카계 미국인 문학의 상징적 인물이다. 그녀는 어린 시절 성폭행과 인종차별 등 극심한 트라우마를 겪었지만, 이를 극복하고 자서전 《새장에 갇힌 새가 노래하는 이유를 나는 안다》를 통해 전 세계에 희망의 메시지를 전했다. 시민권 운동에 적극 참여했으며, 마틴 루터 킹 주니어와도 함께 활동했다. 그녀의 작품들은 고통스러운 경험을 사랑과 용서를 통해 승화시키는 인간의 회복력을 다룬다.

이 조언은 개인적 상처와 사회적 아픔을 모두 경험한 그녀가 발견한 궁극적 치유의 힘에 대한 깊은 믿음을 보여준다.

06 사랑과 행복에 관한 조언

상처받은 마음을 치유하는 방법은 다양하다.

시간이 약이라고도 하고,
새로운 경험이 도움이 된다고도 한다.

하지만 진정한 치유는 사랑에서 시작된다.

사랑받을 때 우리는 자신이 가치 있는 존재라는 믿음을 되찾고
사랑할 때는 자신 안에 있는 따뜻한 에너지를 발견하게 된다.

분노나 원망으로는 상처를 덧나게 할 뿐이지만,
사랑은 그 상처를 근본적으로 치유하는 힘을 지니고 있다.

사랑은 마음의 항생제와 같다.

조언 출전 | 마야 안젤루의 시와 자서전적 저술에서 나온 사랑과 치유에 대한 철학적 통찰을 담은 문장

#사랑의치유력 #상처받은마음치유 #용서와포용

사랑이 만드는 아름다운 세상

안네 프랑크 (Anne Frank, 1929-1945)

누군가를 진정으로 사랑하는 순간
세상은 더 아름다워진다.

When someone truly loves,
the world becomes more beautiful.

독일계 유대인 소녀 안네 프랑크는 나치의 홀로코스트 시기에 2년간 은신처에 숨어 지내며 일기를 썼고, 이것이 《안네의 일기》로 출간되어 전 세계에 큰 감동을 주었다. 그녀는 불과 15세의 나이에 강제수용소에서 생을 마감했지만, 그 짧은 생애 동안 인간의 선함과 사랑에 대한 깊은 믿음을 잃지 않았다. 극한의 공포와 절망 속에서도 희망을 포기하지 않았으며, 사람들 사이의 사랑과 연민이야말로 세상을 지탱하는 힘이라고 믿었다.

이 조언은 어둠 속에서도 사랑의 힘을 발견한 그녀의 순수한 마음과 깊은 통찰을 보여준다.

06 사랑과 행복에 관한 조언

사랑은 우리의 시각을 바꾸는
마법 같은 힘을 지니고 있다.

누군가를 진심으로 사랑하게 되면
평범했던 일상이 특별해 보이기 시작한다.

그 사람과 함께 걷는 길,
함께 보는 하늘, 함께 나누는 식사까지
모든 것이 이전과 다른 의미를 갖는다.

사랑은 세상을 바라보는 시선을 바꿔 놓는다.
차갑고 무관심했던 시선이
따뜻하고 애정 어린 시선으로 변한다.

이것이 바로 사랑이 주는 가장 아름다운 선물이다.

조언 출전 | 안네 프랑크의 일기와 삶에 대한 성찰에서 우러나온 사랑관

#사랑이주는아름다움 #희망을잃지않기 #마음의변화

나눔이 만드는 진정한 행복

지그 지글러 (Zig Ziglar, 1926-2012)

행복은 당신이 무엇을 소유했느냐에 달려 있지 않다.
당신이 무엇을 나누어주느냐에 달려 있다.

Happiness is not determined[1] by what you own.
It's determined by what you share.

미국의 전설적인 동기부여 연설가이자 작가인 지그 지글러는 40년 이상 수백만 명에게 영감을 준 자기계발 분야의 거장이다. 가난한 농가에서 태어나 세일즈맨으로 시작해 세계적인 연설가가 된 그의 삶 자체가 꿈과 희망의 상징이었다. 그는 《당신의 정상에서 만나자》, 《태어난 승부사》 등의 베스트셀러를 통해 긍정적 사고와 목표 달성의 중요성을 강조했다. 특히 성공과 행복의 진정한 의미에 대해 깊이 있게 탐구했으며, 물질적 성취보다는 다른 사람에게 기여하는 삶의 가치를 중요하게 여겼다.

이 조언은 소유보다는 나눔에서 진정한 만족을 찾는다는 그의 인생 철학을 보여준다.

06 사랑과 행복에 관한 조언

소유에 기반한 행복은 일시적이고 불안정하다.
가진 것을 잃을까 걱정하고
남들과 비교하며 부족함을 느끼기 쉽다.

반면, 나눔에서 오는 행복은 그 성격이 다르다.
누군가를 도왔을 때의 보람, 지식을 나눴을 때의 뿌듯함
시간을 내어 함께했을 때의 만족감은 깊고 지속적이다.

이러한 행복은 외부 조건에 의존하지 않고
자신의 행동에서 나오기 때문에 더 안정적이고 확실하다.

놀라운 것은 나누면 나눌수록
오히려 더 많이 받게 된다는 점이다.
물질적으로도 그렇지만 정신적으로는 더욱 그렇다.

조언 출전 | 지그 지글러의 동기부여 강연과 저서 《당신의 정상에서 만나자(See You at the Top)》에서 나온 핵심 메시지

1) determined : 결정되다, 좌우되다

#나눔의행복 #소유보다나눔 #진정한만족

07

지혜와 철학에 관한 조언

진정한 지혜는 거창한 진리를 찾는 일이 아니다.
오히려 당연하게 여겼던 것들에
'왜?'라고 묻기 시작하면서부터 시작된다.
우리는 무언가를 많이 알게 될수록
그보다 훨씬 더 많은 것을 모른다는 사실을 깨닫는다.
이 깨달음이야말로 진짜 배움의 문을 여는 열쇠다.

철학은 책상 위에서만 이루어지는 학문이 아니다.
매일 아침의 선택, 저녁의 반성, 일상 속 작은 고민들이
모두 생각의 바탕이 된다.
복잡한 문제를 단순하게 만들고
모호했던 생각을 명확하게 정리하는 것.
이처럼 꾸준히 생각을 다듬는 과정 자체가 곧 철학하는 삶이다.

결국, 가장 중요한 가르침은 우리 안에 있다.
현실을 있는 그대로 받아들이는 용기와
새로운 가능성을 상상하는 힘이 만날 때
우리는 삶의 의미를 찾는 것보다 더 소중한 것을 발견한다.
바로 지금 이 순간을 온전히 살아가는 것
그 자체가 가장 깊이 있는 삶이라는 진실 말이다.

생각하는 존재로서의 나

르네 데카르트 (René Descartes, 1596-1650)

나는 생각한다,
고로 존재한다.

I think, therefore I am."
[라틴어 : "Cogito, ergo sum"]

프랑스의 철학자이자 수학자, 과학자인 르네 데카르트는 근세 철학의 아버지로 불린다. 그는 기존의 모든 지식을 의심하는 방법적 회의를 통해 확실한 지식의 기초를 찾으려 했다. 데카르트 좌표계를 만든 수학자이기도 한 그는 철학에도 수학적 엄밀성을 도입하려 했다. 모든 것을 의심해도 의심하는 자신의 존재만은 의심할 수 없다는 깨달음에서 이 유명한 명제가 탄생했다. 이는 주관적 의식을 철학의 출발점으로 삼는 근대 철학의 시작을 알리는 혁명적 선언이었다.

이 조언은 인간 존재의 본질과 사유의 힘에 대한 그의 깊은 통찰을 담고 있다.

07 지혜와 철학에 관한 조언

인간이라는 존재를 정의하는 것은 무엇일까?
몸일까, 감정일까, 아니면 사회적 지위일까?

데카르트는 이 모든 것들을 하나씩 의심해 보았다.
몸은 착각할 수 있고, 감정은 변할 수 있으며
눈앞에 펼쳐진 현실조차도 환상일 수 있다.

하지만 이 모든 것을 의심하고 있는 바로 그 행위
즉 '생각한다'는 것만은 부정할 수 없었다.

생각하는 순간 나는 분명히 존재한다.
이것이 바로 인간 존재의 가장 확실한 증거다.

우리는 생각하는 존재이기 때문에 존재한다.

조언 출전 | 르네 데카르트의 철학서 《방법서설(Discourse on the Method)》에서 나온 철학사상 최고의 명제

#생각하는존재 #의식적인삶 #자아성찰

일상을 철학하는 삶

알랭 드 보통 (Alain de Botton, 1969-)

철학은
일상에서 의미를 찾게 해주는 도구다.

Philosophy is a tool
for finding meaning in everyday life.

스위스 태생의 영국 철학자이자 작가인 알랭 드 보통은 어려운 철학을 일상생활에 적용 가능한 지혜로 번역하는 것으로 유명하다. 그는 《철학의 위로》,《사랑에 대한 에세이》,《불안에 대하여》 등의 베스트셀러를 통해 고전 철학의 통찰을 현대인의 고민 해결에 활용하는 방법을 제시했다. 또한 철학을 전문가들만의 영역에서 벗어나게 하여 누구나 접근할 수 있는 실용적 학문으로 만들려고 노력하고 있다. 그는 런던에 '인생학교(The School of Life)'를 설립하여 철학, 심리학, 문학 등을 통해 현대인의 삶의 문제를 다루고 있다.

이 조언은 철학이 상아탑의 추상적 사변이 아니라 우리 삶을 더 풍요롭게 만드는 실용적 도구라는 그의 핵심 신념을 보여준다.

07 지혜와 철학에 관한 조언

많은 사람들이 철학을 어렵고
추상적인 학문으로 생각한다.

하지만 철학의 진정한 목적은
우리가 매일 마주하는 현실적인 문제들에 대해
더 깊이 생각하고 더 나은 답을 찾는 것이다.

철학은 일상의 문제들을
단순히 감정적으로 반응하는 대신
이성적으로 분석하고
그 의미를 찾을 수 있게 도와준다.

결국 철학적 사고는 일상에 깊이를 더해준다.
평범한 하루도 철학하는 순간 특별해진다.

조언 출전 | 알랭 드 보통의 저서 《철학의 위로(The Consolations of Philosophy)》와 대중 철학에 관한 저술에서 나온 핵심 메시지

#일상의철학 #의미찾기 #생각하는삶

무지의 지혜

소크라테스 (Socrates, 470-399 BC)

지혜란
자신이 아무것도 모른다는 것을 아는 데서 시작된다.

The only true wisdom[1] is
in knowing you know nothing.

고대 그리스의 철학자 소크라테스는 서양 철학의 아버지로 불린다. 그는 직접 저술을 남기지 않았지만, 제자 플라톤의 대화편을 통해 그의 사상이 전해진다. 소크라테스는 델포이 신전의 신탁 "소크라테스보다 지혜로운 자는 없다"의 의미를 찾기 위해 당시 지혜롭다고 여겨지는 사람들과 대화했다. 그 과정에서 그들이 모르면서도 안다고 착각하는 반면, 자신은 모른다는 것을 안다는 점에서 차이가 있음을 깨달았다. 이것이 바로 '무지의 지(docta ignorantia)' 개념의 출발점이다. 소크라테스의 문답법은 상대방으로 하여금 자신의 무지를 깨닫게 하여 진정한 앎으로 나아가게 하는 산파술이었다.

07 지혜와 철학에 관한 조언

우리는 아는 것이 많아질수록
더 지혜로워진다고 생각한다.

더 많은 정보를 습득하고, 더 많은 경험을 쌓고
더 많은 기술을 익히면 현명해질 것이라고 믿는다.

하지만 진정한 지혜는 정반대의 지점에서 시작된다.

내가 얼마나 모르는 것이 많은지를 깨닫는 순간,
비로소 배움의 문이 열린다.

무지를 인정하는 용기가 있어야
무지에서 벗어날 수 있다.

조언 출전 ㅣ 플라톤의《소크라테스의 변명(Apology)》에 기록된 소크라테스의 철학적 통찰

1) wisdom : 지혜

#무지의지혜 #겸손한배움 #열린마음

사유하는 법을 배우는 여정

임마누엘 칸트 (Immanuel Kant, 1724-1804)

생각하는 법을 배우는 것이
철학의 본질이다.

Learning how to think
is the essence[1] of philosophy[2].

독일의 철학자 임마누엘 칸트는 근대 철학의 완성자로 불리며, 서양 철학사에서 가장 영향력 있는 인물 중 하나다. 그는 《순수이성비판》, 《실천이성비판》, 《판단력비판》의 3대 비판서를 통해 인간 이성의 한계와 가능성을 체계적으로 탐구했다. 특히 계몽주의의 핵심인 "감히 알려고 하라(Sapere aude!)"는 모토를 제시하며, 인간이 스스로 생각하는 능력을 개발해야 한다고 강조했다. 칸트에게 철학은 단순히 지식을 암기하는 것이 아니라 비판적이고 독립적으로 사고하는 능력을 기르는 것이었다.

이 조언은 철학의 목적이 정답을 제공하는 것이 아니라 올바르게 사고하는 방법을 가르치는 것이라는 그의 핵심 신념을 보여준다.

07 지혜와 철학에 관한 조언

생각하는 법을 배운다는 것은
자신만의 철학을 만들어가는 과정이다.

무엇이 옳고 그른지, 무엇이 중요하고 중요하지 않은지
어떻게 살아야 하고 무엇을 추구해야 할지에 대한
자신만의 기준을 세우는 것이다.

이런 기준은 하루아침에 만들어지지 않는다.

끊임없이 자신에게 질문하고, 경험을 성찰하며
다른 사람들의 생각과 비교해 보는 과정을 통해
점진적으로 형성된다.

이렇게 형성된 철학적 사고력은 인생의 중요한 순간마다
올바른 선택을 할 수 있게 돕는다.

조언 출전 | 임마누엘 칸트의 저서 《순수이성비판(Critique of Pure Reason)》과 철학 교육에 관한 사상에서 나온 문장

1) essence : 본질, 핵심 2) philosophy : 철학

#생각하는법배우기 #비판적사고 #철학적탐구

인생의 의미보다 중요한 것

아르투르 쇼펜하우어 (Arthur Schopenhauer, 1788-1860)

인생의 의미를 묻는 것 자체가 무의미하다.
중요한 것은 어떻게 살 것인가이다.

Asking for the meaning[1] of life is meaningless[2].
What matters is how you live.

독일의 철학자 아르투르 쇼펜하우어는 19세기 염세주의 철학의 대표자로, 인간의 근본적 고통에 대해 깊이 탐구했다. 그는 칸트 철학의 영향을 받으면서도 동양 철학, 특히 불교와 힌두교의 사상을 서양 철학에 접목시킨 선구자였다. 그의 철학은 생의 의지(Will to live)가 인간 존재의 본질이며, 이것이 끊임없는 욕망과 고통의 원천이라고 보았다. 하지만 그는 예술과 연민, 그리고 욕망의 부정을 통해 고통에서 벗어날 수 있다고 주장했다.

이 조언은 추상적인 의미 탐구보다는 구체적인 삶의 방식에 집중해야 한다는 그의 실용적 지혜를 보여준다.

07 지혜와 철학에 관한 조언

인생의 의미는 무엇인가?

철학자들, 종교인들, 사상가들이 수천 년간 이 질문에
답을 찾아왔지만, 그 어떤 결론도 내리지 못했다.

이는 이 질문 자체가 잘못된 출발점이기 때문이다.

인생에 미리 정해진 의미가 있다고 가정하는 것은 착각이다.

중요한 것은 미리 주어진 의미를 찾는 것이 아니라
자신만의 방식으로 의미를 만들어가는 것이다.

어떻게 살 것인가에 대한 선택이 곧 의미를 창조하는 과정이다.

조언 출전 | 아르투르 쇼펜하우어의 주저 《의지와 표상으로서의 세계(The World as Will and Representation)》와 실존적 사유에서 나온 통찰

1) meaning : 의미, 뜻 2) meaningless : 무의미한, 의미 없는

#어떻게살것인가 #의미만들어가기 #구체적인선택

명확한 생각을 위한 철학

루드비히 비트겐슈타인 (Ludwig Wittgenstein, 1889-1951)

철학의 목적은
생각의 명확성을 추구하는 것이다.

The aim[1] of philosophy
is to seek clarity[2] of thought.

오스트리아 출신의 철학자 루드비히 비트겐슈타인은 20세기 가장 영향력 있는 철학자 중 한 명으로, 언어철학의 혁명을 이끌었다. 그는 부유한 가문에서 태어났지만 재산을 포기하고 철학에 평생을 바쳤다. 초기 저작 《논리철학논고》에서는 언어와 세계의 논리적 구조를 탐구했고, 후기에는 《철학적 탐구》에서 언어게임 이론을 통해 일상 언어의 다양한 용법을 분석했다. 그는 철학의 많은 문제들이 언어의 혼란에서 비롯된다고 보았으며, 명확한 언어 사용을 통해 사고의 혼란을 해결할 수 있다고 믿었다.

이 조언은 복잡하고 애매한 사변보다는 분명하고 정확한 사고야말로 철학의 진정한 목표라는 그의 신념을 보여준다.

07 지혜와 철학에 관한 조언

철학의 첫 번째 역할은
사고의 안개를 걷어내는 것이다.

복잡하게 엉켜있는 문제를 하나씩 분리하고
애매한 개념을 명확하게 정의하며
논리적 연결고리를 찾아내는 것이다.

마치 정리정돈되지 않은 방을 차근차근 정리하듯이
생각도 체계적으로 정리해야 그 안에서
진짜 중요한 것을 발견할 수 있다.

철학은 복잡한 이론을 외우는 것이 아니라
명확하게 생각하는 방법을 익히는 것이다.

그 명확함이 더 나은 삶의 출발점이 된다.

조언 출전 | 루드비히 비트겐슈타인의 《논리철학논고(Tractus Logico-Philosophicus)》와
언어철학에 관한 사상에서 나온 핵심 메시지

1) aim : 목적, 목표 2) clarity : 명확성, 분명함

#생각의명확성 #정확한언어 #체계적사고

내면에서 발견하는 진리

아우구스티누스 (Aurelius Augustinus, 354-430)

당신이 찾고 있는 진리는 당신 안에 있다.

The truth[1] you seek is within[2] you.

히포의 아우구스티누스는 초기 기독교 신학의 가장 영향력 있는 교부 중 한 명으로, 고대 철학과 기독교 사상을 융합한 사상가다. 그는 젊은 시절 방탕한 삶을 살다가 밀라노에서 암브로시우스 주교의 설교를 듣고 회심한 후, 평생을 신학 연구와 영성 생활에 바쳤다. 그의 자서전 《고백록》은 인간의 내적 여정을 깊이 있게 탐구한 고전으로, 외부 세계에서 답을 찾으려 했던 자신의 방황과 내면의 성찰을 통해 진리를 발견하게 된 과정을 생생하게 기록했다.

이 조언은 진리가 외부의 권위나 지식이 아닌 개인의 깊은 내적 경험과 성찰에서 발견된다는 그의 핵심 사상을 보여준다.

07 지혜와 철학에 관한 조언

우리는 진리를 밖에서 찾으려 한다.
책, 전문가의 조언
다른 사람의 경험담에서 답을 구하려 한다.

물론 이런 외부의 지혜들도 도움이 되지만
진정한 깨달음은 결국 자신의 내면에서 시작된다.

아무리 좋은 조언을 들어도
그것이 자신의 마음 깊은 곳에서
울림을 일으키지 않으면 진정한 진리가 될 수 없다.

반대로 자신의 경험과 성찰을 통해 얻은 깨달음은
아무도 빼앗아갈 수 없는 확실한 진리가 된다.

진리는 암기하는 것이 아니라 체험하는 것이다.
그리고 그 체험은 항상
개인적이고 내적인 과정을 통해 일어난다.

조언 출전 | 아우구스티누스의 자서전 《고백록(Confessions)》과 신학적 저술에서 나온 내적 성찰에 관한 통찰

1) truth : 진리, 진실 2) within : 안에, 내부에

#내면의진리 #자기성찰 #내적목소리

현실을 받아들이는 지혜

마르쿠스 아우렐리우스 (Marcus Aurelius, 121-180)

가장 큰 철학은
삶의 모든 순간을 받아들이는 것이다.

The greatest philosophy[1]
is to accept[2] every moment of life.

로마 제국의 황제이자 철학자인 마르쿠스 아우렐리우스는 역사상 가장 강력한 권력을 가졌으면서도 동시에 가장 겸손한 철학자 중 한 명이었다. 그는 제국을 통치하면서도 스토아 철학을 실천하며 개인적 성찰을 게을리하지 않았다. 《명상록》은 원래 출간을 목적으로 쓴 것이 아니라 자신을 위한 개인적 메모였으나, 후에 인류 최고의 철학적 유산 중 하나가 되었다. 전쟁과 역병, 정치적 갈등으로 점철된 어려운 시기를 통치하면서도 내면의 평정을 유지하려 노력했던 그의 모습은 철학이 단순한 이론이 아닌 삶의 실천임을 보여준다.

이 조언은 현실의 어려움을 피하거나 거부하지 않고 있는 그대로 받아들이는 것이야말로 진정한 지혜라는 스토아 철학의 정수를 담고 있다.

07 지혜와 철학에 관한 조언

인생은 우리가 원하는 대로만 흘러가지 않는다.

계획은 틀어지고, 기대는 어긋나며
예상치 못한 어려움들이 연달아 닥친다.

이럴 때 우리는 현실을 거부하거나 변화시키려고 애쓴다.

하지만 많은 것들이 우리의 통제 밖에 있다.

날씨, 다른 사람의 행동, 과거의 실수
예상치 못한 사건들은 아무리 노력해도 바꿀 수 없다.

이런 것들에 맞서 싸우면 싸울수록 더 큰 고통만 따를 뿐이다.

진정한 지혜는 바꿀 수 없는 것은 받아들이고
바꿀 수 있는 것에만 에너지를 집중하는 것이다.

조언 출전 | 마르쿠스 아우렐리우스의 개인적 성찰록 《명상록(Meditations)》에서 나온 스토아 철학의 핵심 통찰

1) philosophy : 철학, 지혜 2) accept : 받아들이다, 수용하다

#현실수용 #스토아철학 #내적평정

상상력이라는 지혜의 원천

알버트 아인슈타인 (Albert Einstein, 1879-1955)

상상력은 지식보다 더 중요하다.
지식은 지금 우리가 아는 것에 한정되지만,
상상력은 온 세상을 껴안고, 앞으로 밝혀질 모든 것까지 담아낸다.

Imagination is more important than knowledge[1]. For knowledge is limited[2] to all we now know and understand, while imagination[3] embraces the entire world, and all there ever will be to know and understand.

20세기 최고의 물리학자이자 사상가인 알버트 아인슈타인은 상대성 이론으로 우주에 대한 인간의 이해를 근본적으로 바꾸어놓았다. 그는 단순히 뛰어난 과학자가 아니라 창의적 사고의 본질에 대해 깊이 성찰한 철학자이기도 했다. 그의 가장 위대한 발견들은 기존 지식의 축적보다는 새로운 관점에서 우주를 상상해보는 능력에서 나왔다. 빛의 속도로 여행한다면 어떨까, 시간과 공간이 하나라면 어떨까 하는 상상력이 상대성 이론의 출발점이었다. 그는 과학적 발견뿐 아니라 인간 사고의 본질에 대해서도 중요한 통찰을 남겼다.

이 조언은 진정한 지혜가 기존 정보의 재조합이 아닌 새로운 가능성을 상상하는 능력에서 나온다는 그의 핵심 철학을 보여준다.

07 지혜와 철학에 관한 조언

상상력은 무한하다.

아직 존재하지 않는 것을 그려보고
불가능해 보이는 것을 가능하다고 상상하며
전혀 다른 관점에서 문제를 바라볼 수 있다.

상상력은 현실의 경계를 넘어서는 인간만의 특권이며
훈련을 통해 기를 수 있다.

아이들이 자연스럽게 하는 "만약에" 게임을 어른도 할 수 있다.

익숙한 것을 낯설게 보려 노력하고
당연하다고 여겨지는 것들에 의문을 제기하며
불가능해 보이는 것도 일단 상상해보는 것이다.

상상력이야말로 인간을 현재의 한계에서
해방시키는 가장 강력한 도구다.

조언 출전 | 알버트 아인슈타인의 《The Saturday Evening Post》에 게재된 George Sylvester Viereck와의 인터뷰 기사 "What Life Means to Einstein"(1929)

1) knowledge : 지식 2) limited : 제한된, 한계가 있는 3) imagination : 상상력

#상상력의힘 #창의적사고 #지혜의원천

의심에서 시작되는 진실의 길

프리드리히 니체 (Friedrich Nietzsche, 1844-1900)

진실에 대한 믿음은 우리가 한때 믿었던
모든 '진실들'에 대한 의심으로부터 시작된다.

Belief in the truth commences with the doubting
of all those 'truths' we once believed.

독일의 철학자 프리드리히 니체는 19세기 말 서양 사상에 혁명을 일으킨 인물로, 기존의 도덕적, 종교적 가치들을 근본적으로 의문시했다. 그는 《차라투스트라는 이렇게 말했다》, 《선악의 저편》 등을 통해 기존 진리 체계의 허상을 폭로하고 새로운 가치 창조의 필요성을 주장했다.

이 조언은 진정한 철학적 탐구가 기존의 모든 '당연함'을 의심하는 데서 출발한다는 그의 비판적 사유 방법론을 보여준다.

07 지혜와 철학에 관한 조언

니체는 기성 진실들을 그대로 받아들이는 것을 경계한다.

진정한 진실 탐구는 바로 이런 '당연함'에
의문을 제기하는 것에서 시작된다.

의심 없는 믿음은 맹신이고, 비판 없는 수용은 사고의 정지다.
진실을 찾으려면 먼저 모든 것을 백지상태로 돌려놓아야 한다.

이러한 의심은 때로 불편하고 위험하다.
기존의 믿음 체계가 흔들리면 혼란이 오고
확실했던 것들이 불확실해지면 불안이 찾아온다.

하지만 니체는 이러한 과정을 피하지 말라고 조언한다.
진정한 자유로운 정신은 불편한 질문을 두려워하지 않는다.

검증되지 않은 믿음 위에 세워진 삶은 모래성과 같다.
의심의 도전을 견뎌낸 진실만이 진정한 토대가 될 수 있다.

조언 출전 | 프리드리히 니체의 철학적 저술과 기존 가치 체계에 대한 비판적 사유에서 나온 통찰

#기존믿음에대한의심 #비판적사유 #진실탐구의용기

· 08 ·

자유와 독립에 관한 조언

자유는 밖에서 주어지는 것이 아니라
내면에서 쟁취하는 것이다.
많은 이들이 자유를 외부의 억압이 없는 상태라고 생각하지만
진정한 자유는 우리 내면의 두려움과
안전함에 대한 욕구를 넘어설 때 얻는다.
이 힘든 과정 없이는 진정한 자유를 누릴 수 없다.

자유는 선택의 힘이다.
지식을 통해 우리는 삶의 주도권을 되찾고
그 선택들이 모여 삶의 방향을 결정한다.
모든 선택에는 책임이 따르며, 그 책임은 자유의 또 다른 이름이다.
스스로의 삶을 온전히 떠맡을 용기가 있을 때
비로소 우리는 자유를 넘어선 진정한 독립을 이룬다.

역설적이게도 가장 순수한 형태의 자유는
아무런 제약이 없을 때가 아니다.
현실의 제약 속에서 자신만의 판단을 잃지 않고
어떤 상황에서도 스스로의 선택에
책임질 때 얻어지는 자유야말로 가장 단단하다.
완전한 자유란 존재하지 않지만
스스로의 삶을 선택하고 책임지는 자유는 언제나 우리 곁에 있다.

두려움의 사슬을 끊는 자유

아멜리아 에어하트 (Amelia Earhart, 1897-1937)

가장 큰 자유는
두려움으로부터의 자유다.

The greatest freedom[1]
is freedom from fear[2].

미국의 전설적인 여성 비행사 아멜리아 에어하트는 20세기 초, 여성의 한계를 뛰어넘은 선구자였다. 그녀는 대서양을 단독 횡단한 최초의 여성 비행사가 되었으며, 평생에 걸쳐 수많은 비행 기록을 세웠다. 1937년 세계 일주 비행 도중 태평양에서 실종되어 전 세계를 안타깝게 했지만, 그녀의 용기와 도전 정신은 여전히 많은 사람들에게 영감을 주고 있다. 그녀는 단순히 비행기를 조종하는 기술자가 아니라 두려움을 극복하고 불가능해 보이는 일에 도전하는 철학을 실천한 사람이었다.

이 조언은 물리적 위험 앞에서도 굴복하지 않았던 그녀의 용기와, 두려움이야말로 인간을 가장 크게 제약하는 요소라는 깊은 통찰을 보여준다.

08 자유와 독립에 관한 조언

진정한 자유란 무엇일까?

많은 사람들이 경제적 여유나 사회적 지위
시간적 제약으로부터의 해방을 자유라고 생각한다.

하지만 그중 가장 큰 자유는 두려움으로부터의 자유다.

실패에 대한 두려움, 거절당할 두려움
타인의 시선에 대한 두려움, 변화에 대한 두려움
이 모든 것들이 우리의 발목을 붙잡고
진정한 자유를 누리지 못하게 한다.

두려움으로부터의 자유는 하루아침에 얻어지지 않는다.
작은 용기부터 시작해
점진적으로 두려움의 영역을 줄여나가야 한다.

중요한 것은 두려움을 완전히 없애려 하지 말고
두려움이 있어도 행동할 수 있는 힘을 기르는 것이다.

조언 출전 | 아멜리아 에어하트의 비행 일지와 모험에 대한 철학적 성찰에서 나온 발언

1) freedom : 자유, 해방 2) fear : 두려움, 공포

#두려움극복 #진정한자유 #용기있는도전

인간의 본성적 자유

존 로크 (John Locke, 1632-1704)

모든 인간은 평등하고 독립적이므로
누구도 타인의 생명·건강·자유·재산을 침해해서는 안 된다.

Being all mankind[1]... being all equal[2]
and independent[3], no one ought to harm another
in his life, health, liberty, or possessions.

영국의 철학자 존 로크는 근대 자유주의와 민주주의의 아버지로 불린다. 그는 17세기 절대왕정 시대에 개인의 자연권과 정부의 한계에 대한 혁명적 사상을 제시했다. 그의 《통치론》은 미국 독립선언서와 헌법 제정에 직접적인 영향을 미쳤으며, 현대 민주주의의 이론적 기초가 되었다. 로크는 인간이 자연상태에서 생명, 자유, 재산에 대한 불가침의 권리를 가지고 있으며, 정부는 이런 자연권을 보호하기 위해서만 존재한다고 주장했다. 그는 또한 인간의 마음을 백지(tabula rasa)로 보고 경험을 통한 학습을 강조한 경험주의 철학의 창시자이기도 하다.

이 조언은 모든 개인이 태생적으로 동등한 존재로서 자유와 독립의 권리를 갖는다는 그의 혁신적 인간관을 보여준다.

08 자유와 독립에 관한 조언

인간의 자유는 사회나 정부가 허락해 주는 특권이 아니라
태어날 때부터 가지고 있는 기본권이다.

이것은 당시로서는 혁명적인 생각이었다.

왕의 신권설이나 신분제 사회에서는
개인의 권리가 출생이나 사회적 지위에 따라 결정되었다.

하지만 로크는 모든 인간이 동등하게
자유로운 존재로 태어난다고 선언했다.

이는 피부색, 성별, 출신, 재산과 상관없이
모든 사람이 기본적으로 같은 인간적 존엄성을 갖는다는 뜻이다.

이러한 인식이 바로 현대 인권 사상의 출발점이 되었다.
자유는 누군가가 베풀어주는 은혜가 아니라
인간이라면 누구나 당연히 누려야 할 권리다.

조언 출전 | 존 로크의 정치철학서 《통치론(Two Treatises of Government)》에서 나온 자연권 사상의 핵심 명제

1) mankind : 인류, 인간 2) equal : 평등한, 동등한 3) independent: 독립적인, 자주적인

#타고난자유 #인간의존엄 #개인의권리

투쟁을 통해 얻는 진정한 자유

칼 마르크스 (Karl Marx, 1818-1883)

인간의 자유는
스스로를 위해 싸우는 데서 생겨난다.

Human freedom[1)]
comes from fighting[2)] for oneself.

독일 출신의 철학자이자 경제학자, 혁명가인 칼 마르크스는 19세기 자본주의 사회의 모순을 예리하게 분석하고 사회주의 이론을 체계화한 사상가다. 그는 《자본론》, 《공산당 선언》 등의 저작을 통해 노동자 계급의 해방과 사회 변혁을 주장했다. 마르크스에게 자유는 추상적 개념이 아니라 구체적인 사회적 조건에서 실현되는 것이었다. 그는 경제적 불평등과 계급 억압이 존재하는 한 진정한 자유는 불가능하다고 보았으며, 이런 구조적 문제에 맞서 투쟁할 때만 진정한 해방이 가능하다고 주장했다.

이 조언은 자유가 저절로 주어지는 것이 아니라 적극적인 투쟁을 통해 쟁취해야 하는 것이라는 그의 핵심 사상을 보여준다.

08 자유와 독립에 관한 조언

역사상 모든 진정한 자유는 그것을 원하는 사람들이
직접 싸워서 얻어낸 것이다.

기득권을 가진 세력들이 자발적으로
권력을 내려놓는 일은 거의 없었다.

불의한 현실에 순응하고 체념하는 것으로는 아무것도 바꿀 수 없다.

자신이 처한 불합리한 상황을 인식하고
그것을 바꾸기 위해 행동에 나설 때 비로소 변화는 시작된다.

이런 투쟁은 때론 외롭고 힘들다.
주변의 이해를 받지 못할 수도 있고
즉각적인 결과가 나타나지 않을 수도 있다.

하지만 포기하지 않고 계속 싸울 때 진정한 자유를 얻을 수 있다.

조언 출진 | 칼 마르크스의 사회 경제학 이론과 계급투쟁에 관한 사상에서 나온 메시지

1) freedom : 자유, 해방 2) fighting : 싸우는, 싸움, 투쟁

#자유를위한투쟁 #사회변혁 #능동적저항

모든 지배에서 자유로운 내면

에이브러햄 조슈아 헤셸 (Abraham Joshua Heschel, 1907-1972)

내적 자유는 사물의 지배로부터뿐 아니라
사람의 지배로부터도 벗어날 때 가능하다.

Inner liberty depends upon
being exempt from domination of things
as well as from domination of people.

폴란드 출신의 유대교 랍비이자 신학자, 철학자인 에이브러햄 조슈아 헤셸은 20세기 가장 영향력 있는 종교 사상가 중 한 명이다. 나치를 피해 미국으로 망명한 후 유대교 신학교에서 가르치며 종교와 사회정의의 연결고리에 대해 깊이 탐구했다. 그는 1960년대 미국 민권운동에 적극 참여하여 마틴 루터 킹 목사와 함께 행진하기도 했다. 헤셸에게 진정한 자유는 외부적 조건의 변화가 아닌 내면의 해방에서 나오는 것이었다.

이 조언은 물질적 욕망과 타인의 기대 모두에서 벗어날 때만 진정한 자유를 얻을 수 있다는 그의 깊은 통찰을 보여준다.

08 자유와 독립에 관한 조언

우리는 태어나면서부터 세상의 기준에 맞춰
살아가야 한다는 압박에 시달린다.

부모가 바라는 모습, 사회가 요구하는 역할, 동료들의 인정
그리고 남보다 우위에 서고자 하는 욕구에 갇혀버리는 것이다.

이런 외부적 기대에 맞춰 살다 보면
자신의 진정한 모습을 잃어버린다.

타인이 원하는 사람이 되려고 노력하느라
정작 자신이 누구인지 모르게 되는 것이다.

헤셸이 말하는 사람의 지배란 이러한 타인 의존적 삶을 의미한다.

진정한 내적 자유를 얻으려면
다른 사람의 시선이나 인정에 의존하지 않고도
자신의 가치를 인정할 수 있어야 한다.

조언 출전 | 에이브러햄 조슈아 헤셸의 영성과 자유에 관한 철학적 저술에서 나온 통찰

1) domination : 지배, 통치

#내적자유 #사물과사람의지배에서해방 #진정한자아발견

자유와 책임의 무거운 관계

넬슨 록펠러 (Nelson Rockefeller, 1908년-1979년)

자유는 책임을 의미하며
그래서 많은 사람들이 두려워한다.

Freedom means responsibility[1]
which is why most men dread[2] it.

미국의 정치가이자 사업가인 넬슨 록펠러는 록펠러 가문의 일원으로 뉴욕 주지사를 4선 역임하고 제41대 부통령을 지낸 인물이다. 그는 막대한 부와 권력을 가졌음에도 불구하고 평생에 걸쳐 공공 서비스에 헌신했으며, 예술과 교육 발전에도 크게 기여했다. 특히 사회 보장 제도 확충과 교육 개혁에 앞장섰으며, 개인의 자유가 사회적 책임과 분리될 수 없다는 신념을 가지고 있었다.

이 조언은 자유를 단순한 권리가 아닌 의무와 책임이 따르는 무거운 특권으로 이해해야 한다는 그의 성숙한 자유관을 보여준다.

08 자유와 독립에 관한 조언

우리가 자유롭게 선택한다는 것은
동시에 그 선택의 결과에 대해
온전히 책임져야 한다는 뜻이다.

이러한 책임의 무게 때문에 많은 사람들이
진정한 자유보다는 편안한 의존을 선택한다.

누군가 대신 결정해 주고
잘못되면 그 사람 탓을 할 수 있는
상황을 더 선호하는 것이다.

그러나 책임을 회피하는 것은
결국 자유마저 포기하는 행위이다.

다른 사람이 내 인생을 결정하게 내버려두는 순간
나는 더 이상 주인이 아닌 손님이 된다.

조언 출전 | 넬슨 록펠러의 정치 철학과 공공 서비스에 관한 발언(원래는 조지 버나드 쇼, 희곡 《Man and Superman》(1903)를 인용한 것으로 추정됨)

1) responsibility : 책임, 의무 2) dread : 두려워하다, 무서워하다

#자유와책임 #성숙한선택 #주도적인삶

독립이 열어주는 새로운 가능성

토머스 페인 (Thomas Paine, 1737-1809)

독립은 우리에게 새로운 삶의 기회를 준다.

Independence gives us a new opportunity[1] for life.

영국 출신의 정치 사상가이자 혁명가인 토머스 페인은 미국 독립혁명의 이론적 토대를 마련한 인물이다. 그의 팸플릿 《상식》은 1776년 출간되어 미국 식민지 주민들에게 영국으로부터의 독립 필요성을 설득하는 데 결정적 역할을 했다. 평범한 언어로 쓰여진 이 작품은 당시 베스트셀러가 되어 독립 운동의 불씨를 지폈다. 페인은 또한 《인권론(The Rights of Man)》을 통해 프랑스 혁명을 지지하고 민주주의와 공화주의를 옹호했다. 그는 개인과 국가 모두에게 독립이야말로 새로운 가능성을 여는 열쇠라고 믿었으며, 기존의 억압적 구조에서 벗어날 때 비로소 진정한 발전이 가능하다고 주장했다.

이 조언은 독립을 단순한 분리가 아닌 새로운 시작과 기회의 창조로 보는 그의 긍정적 혁명관을 보여준다.

08 자유와 독립에 관한 조언

미국이 영국으로부터 독립했을 때
그들은 단순히 영국의 지배에서 벗어난 것이 아니었다.
인류 역사상 전례 없는
민주 공화국을 건설할 기회를 얻은 것이다.

마찬가지로 개인의 독립 역시
새로운 가능성의 문을 활짝 열어 준다.

부모로부터의 독립, 과거의 실수로부터의 독립
타인의 기대로부터의 독립은 모두 자신만의 길을
개척할 수 있는 기회를 제공한다.

독립 이전에는 보이지 않았던
선택지들이 갑자기 눈앞에 펼쳐진다.

이것이 바로 독립의 진정한 가치다.

조언 출전 | 토머스 페인의 팸플릿 《상식(Common Sense)》과 미국 독립에 관한 저술에서 나온 사상

1) opportunity : 기회, 가능성

#독립의기회 #새로운시작 #자기주도적삶

지식이 가져다주는 해방

버트런드 러셀 (Bertrand Russell, 1872-1970)

지식은 자유를
무지는 복종을 낳는다.

Knowledge brings freedom[1],
ignorance[2] brings submission[3].

영국의 철학자이자 수학자, 논리학자인 버트런드 러셀은 20세기 가장 영향력 있는 지식인 중 한 명이다. 그는 수학 기초론과 분석철학 발전에 크게 기여했으며, 1950년 노벨 문학상을 수상했다. 러셀은 평생에 걸쳐 합리주의와 과학적 사고를 옹호했으며, 종교적 독단과 정치적 권위주의에 맞서 싸웠다. 그는 또한 평화주의자로서 1차 대전 반대 운동으로 감옥에 갇히기도 했고, 핵무기 반대 운동에도 적극 참여했다. 러셀에게 지식은 단순한 정보가 아니라 비판적 사고를 통해 진리를 추구하는 과정이었으며, 이런 지식만이 인간을 미신과 권위로부터 해방시킬 수 있다고 믿었다.

이 조언은 교육과 계몽이야말로 인간 해방의 가장 확실한 수단이라는 그의 확신을 보여준다.

08 자유와 독립에 관한 조언

역사상 권력자들이 가장 두려워했던 것은 무엇이었을까?
바로 깨어 있는 대중이다.

무지한 사람은 통제하기 쉽다.
정보가 부족하면 판단력이 흐려지고
비판적 사고를 할 수 없으면 주어진 것을 그대로 받아들이게 된다.

그래서 독재자들은 늘 교육을 제한하고 정보를 통제하려 한다.

진정한 지식은 주어진 정보를
무비판적으로 받아들이는 것이 아니라
그것의 출처와 신뢰성을 검토하고, 다양한 관점에서 분석하며
논리적 오류는 없는지 따져보는 능력이다.

이러한 능력이 없으면 편향된 정보에 휘둘리거나
감정적 호소에 쉽게 넘어간다.
이런 상태는 지식이 있는 것이 아니라 여전히 무지한 상태다.

조언 출전 | 버트런드 러셀의 교육철학과 사회비판을 반영한 문장

1) freedom : 자유, 해방 2) ignorance : 무지, 무식 3) submission : 복종, 굴복

#지식의힘 #비판적사고 #계몽의가치

책임지는 선택으로서의 독립

시몬 드 보부아르 (Simone de Beauvoir, 1908-1986)

독립이란 다른 사람의 도움 없이 사는 것이 아니라
자신의 선택에 책임지는 것이다.

Independence is not about living without the help of others, but about taking responsibility[1] for one's own choices[2].

프랑스의 작가이자 철학자, 페미니스트인 시몬 드 보부아르는 20세기 여성해방운동의 사상적 토대를 마련한 인물이다. 그녀의 대표작 《제2의 성(The Second Sex)》은 여성이 사회적으로 구성된 존재임을 밝히며 현대 페미니즘의 출발점이 되었다. 장 폴 사르트르와의 지적 동반자 관계로도 유명한 그녀는 실존주의 철학을 바탕으로 개인의 자유와 책임을 강조했다. 특히 여성의 독립에 대해 깊이 탐구하면서, 경제적 자립만으로는 진정한 독립이 될 수 없으며, 자신의 존재와 선택에 대한 주체적 의식이 있어야 한다고 주장했다.

이 조언은 독립을 고립이 아닌 자율성으로, 의존 거부가 아닌 책임 수용으로 이해하는 그녀의 성숙한 독립관을 보여준다.

08 자유와 독립에 관한 조언

많은 사람이 독립을 누구의 도움도 받지 않고
누구에게도 기대지 않으며, 오직 자신의 힘만으로
살아가는 것이라고 생각한다.

하지만 이는 독립을 고립과 혼동하는 것이다.

인간은 본질적으로 사회적 존재이며
서로 도우며 살아가게 되어 있다.

진정한 독립은 다른 사람과의 관계를 거부하는 것이 아니라
그 관계 속에서도 자신만의 주체성을 잃지 않는 것이다.

도움을 받더라도 그것을 선택한 것이 자신이고
협력하더라도 그 방식을 결정한 것이 자신일 때
비로소 독립적이라 할 수 있다.

조언 출전 | 시몬 드 보부아르의 실존주의 철학과 여성해방론에 관한 윤리를 요약 및 재구성한 문장

1) responsibility : 책임 2) choice : 선택

#진정한독립 #선택의책임 #주체적삶

쟁취하는 자유의 가치

프랭클린 D. 루스벨트 (Franklin D. Roosevelt, 1882-1945)

가장 진정한 의미에서 자유는
수여될 수 없으며 쟁취해야 한다.

In the truest sense, freedom cannot be bestowed[1];
it must be achieved[2].

미국의 제32대 대통령 프랭클린 D. 루스벨트는 미국 역사상 유일하게 4선에 당선된 대통령으로, 대공황과 제2차 세계대전이라는 국가적 위기를 극복한 지도자였다. 그는 뉴딜 정책을 통해 경제 회복을 이끌었고, 연합국을 승리로 이끌며 자유민주주의를 수호했다. 소아마비로 인한 신체적 장애에도 불구하고 국가를 이끈 그의 삶 자체가 역경을 극복하는 의지의 상징이었다. 루스벨트는 자유가 단순히 주어지는 특권이 아니라 끊임없는 노력과 희생을 통해 지켜나가야 하는 가치라고 믿었다.

이 조언은 개인과 국가 모두에게 자유는 수동적으로 받는 것이 아니라 능동적으로 만들어가는 것이라는 그의 확고한 신념을 보여준다.

08 자유와 독립에 관한 조언

많은 사람들이 자유를 공기처럼 생각한다.
항상 그 자리에 있어
노력하지 않아도 누릴 수 있는 것으로
착각하는 것이다.

하지만 역사를 보면 자유는
결코 저절로 주어지지 않았다.
민주주의, 인권, 법치주의 모두 수많은 사람들의
투쟁과 희생을 통해 쟁취된 것들이다.

가장 치열한 자유의 전쟁터는 우리 내면이다.
나쁜 습관으로부터의 자유, 부정적 사고로부터의 자유
과거의 상처로부터의 자유는
아무도 대신 싸워줄 수 없는 개인의 몫이다.

자유는 기다리는 것이 아니라 만들어가는 것이다.
쟁취할 용기가 있는 사람만이 진정한 자유를 누릴 수 있다.

조언 출전 | 프랭클린 D. 루스벨트의 대통령 재임 중 민주당 전당대회 수락 연설 (1936)과 민주주의에 관한 철학적 발언에서 나온 발언

1) bestow : 수여하다, 주다 2) achieve : 성취하다, 달성하다

#자유쟁취 #능동적자유 #역경극복

제약 속에서 발견하는 진정한 자유

미셸 푸코 (Michel Foucault, 1926-1984)

자유는 단순히 우리가 할 수 있는 것에 관한 것이 아니라
우리가 할 수 없는 것에 대해 의문을 제기하는 것이다.

Freedom is not simply about what we can do,
but about questioning[1] what we cannot do.

프랑스의 철학자이자 사회학자인 미셸 푸코는 20세기 후반 가장 영향력 있는 사상가 중 한 명이다. 그는 권력, 지식, 담론의 관계를 분석하며 기존의 자유 개념에 근본적 의문을 제기했다. 《광기의 역사》, 《감시와 처벌》, 《성의 역사》 등의 저작을 통해 사회가 개인을 통제하는 미묘하고 복잡한 메커니즘을 폭로했다. 푸코에게 자유는 단순히 제약의 부재가 아니라 권력 관계와 사회적 구조에 대한 비판적 인식에서 시작되는 것이었다. 그는 우리가 자유롭다고 생각하는 순간에도 보이지 않는 권력이 작동하고 있으며, 진정한 자유는 이런 권력의 작동 방식을 이해하고 그에 맞서는 데서 나온다고 보았다.

이 조언은 자유에 대한 순진한 낙관론을 경계하고 더 깊이 있는 성찰을 요구하는 그의 비판적 사유를 보여준다.

08 자유와 독립에 관한 조언

진정한 자유를 이해하려면 왜 어떤 것들은 할 수 없는지
누가 그런 제약을 만들었는지
그리고 그 제약이 정당한지에 대해 질문해야 한다.

예를 들어 우리가 특정한 방식으로만 생각하고
특정한 가치만 추구하고
특정한 삶의 방식만 선택하게 되는 이유를 탐구해야 한다.

겉보기에 자유로워 보이는 선택들도 실제로는 기득권의 이익이나
권력 구조의 영향을 받은 것일 수 있다.

교육 제도, 미디어, 사회 제도들이 암묵적으로
"이것이 바람직한 삶이다"라는 메시지를 전달하고
우리는 자연스럽게 그 틀 안에서 선택하게 되는 것이다.

이런 과정을 푸코는 "규율 권력"이라고 불렀다.

감옥이나 학교, 병원 같은 기관들이
개인을 특정한 방식으로 행동하도록 훈련시키는 것이다.

문제는 이런 훈련이 너무 자연스러워서
우리가 스스로 선택한 것처럼 느끼게 된다는 점이다.

조언 출전 | 미셸 푸코의 권력과 담론에 관한 철학적 저술과 강의에서 나온 통찰

1) questioning : 질문하는, 의문시하는

#제약에대한질문 #숨겨진권력 #비판적성찰

· 09 ·

죽음과 삶에 관한 조언

죽음은 삶의 의미를 밝히는 거울이다.
유한하다는 사실을 깨달을 때
우리는 비로소 모든 순간의 소중함을 깨닫는다.
죽음은 삶에 한계를 긋는 것이 아니라
오히려 삶에 깊이를 더하는 존재의 조건이다.

의미 있는 삶은 얼마나 오래 사느냐에 달려 있지 않다.
매 순간을 온전히 경험하고
자신의 선택으로 삶을 채워나가는 의지에서 완성된다.
우리는 끊임없이 자신을 만들어가고
그 선택들이 모여 하나의 작품 같은 인생을 완성한다.

결국, 우리가 남길 것은 물질적인 유산이 아니다.
우리가 살아온 방식, 남긴 사랑, 베푼 친절 같은
눈에 보이지 않는 흔적들이다.
죽음은 모든 것을 끝낼 수 없다.
우리가 남긴 의미는 시간을 초월하여 영원히 이어진다.

죽음이라는 불가사의 앞에서

에피쿠로스 (Epicurus, 341-270 BC)

죽음은 우리에게 아무것도 아니다.
우리가 살아있을 때 죽음은 없고,
죽음이 있을 때 우리는 존재하지 않는다.

Death is nothing to us.
When we exist[1], death is not yet present[2],
and when death is present, we do not exist.

고대 그리스의 철학자 에피쿠로스는 쾌락주의(에피쿠리즘)의 창시자로, 죽음에 대한 두려움에서 벗어나 평정한 삶을 추구하는 철학을 가르쳤다. 그는 아테네 근교에 "정원(케포스)"이라는 철학 공동체를 설립하여 제자들과 함께 생활하며 철학을 실천했다. 에피쿠로스의 철학은 단순한 향락이 아니라 고통의 부재인 '마음의 평정(아타락시아)'를 추구하는 것이었다. 그는 인간의 가장 큰 불안 중 하나인 죽음에 대한 공포를 논리적 분석을 통해 해소하려 했다.

이 조언은 죽음과 삶이 결코 동시에 존재할 수 없다는 논리적 추론을 통해 죽음에 대한 두려움이 비합리적임을 보여주는 그의 대표적 사상이다.

09 죽음과 삶에 관한 조언

죽음은 인간이 피할 수 없는 유일한 운명이지만
동시에 가장 두려워하는 것이기도 하다.

하지만 에피쿠로스는 이러한 두려움이
논리적 오류에서 비롯된다고 지적했다.

우리가 두려워하는 죽음의 고통이나 암흑은
실제로는 경험할 수 없는 것이다.

살아있는 동안에는 죽음을 경험할 수 없고
죽은 후에는 경험의 주체인
'나'가 존재하지 않기 때문이다.

결국 죽음에 대한 공포는
실체 없는 환상에 불과하다.

조언 출전 | 에피쿠로스가 메노이케우스에게 보낸 편지《메노이케우스에게 보내는 편지》
(Letter to Menoeceus)와 그의 철학적 가르침

1) exist : 존재하다 2) present : 현재에 있는, 존재하는

#죽음에대한수용 #현재순간의소중함 #두려움으로부터의해방

시간의 깊이를 만드는 삶

장 자크 루소 (Jean-Jacques Rousseau, 1712-1778)

인생은 짧지만
우리가 무엇을 하느냐에 따라 길어진다.

Life is short, but it becomes longer[1)]
depending on what we do with it.

18세기 계몽주의 시대의 대표적 사상가인 장 자크 루소는 정치철학자이자 교육사상가, 소설가로 활동했다. 그의 《사회계약론》은 근대 민주주의 이론의 토대가 되었고, 《에밀》은 자연주의 교육론을 체계화한 고전이다. 루소는 문명이 인간을 타락시킨다고 보고 자연 상태의 순수함으로 돌아갈 것을 주장했다. 그는 또한 개인의 내적 성찰과 감정의 진정성을 중시했으며, 이는 후에 낭만주의 운동에 큰 영향을 미쳤다. 루소 자신도 파란만장한 삶을 살았는데, 가난과 방랑, 사랑과 이별, 명성과 박해를 모두 경험했다.

이 조언은 단순히 오래 사는 것이 아니라 어떻게 사느냐가 인생의 진정한 가치를 결정한다는 그의 깊은 통찰을 보여준다.

09 죽음과 삶에 관한 조언

시간은 모든 사람에게 동등하게 주어진다.
하루는 24시간이고, 1년은 365일이며
평균 수명 또한 비슷하다.

하지만 같은 시간을 보내도
어떤 사람의 삶은 풍부하고 의미 있게 느껴지는 반면
어떤 사람의 삶은 공허하고 짧게 느껴진다.

이 차이는 시간의 양이 아니라 질에서 비롯된다.

의미 있는 일을 하고, 깊은 관계를 맺고
새로운 경험을 쌓으며
성장을 추구하는 사람의 시간은 밀도가 높다.

반면 무의미한 일상을 반복하고, 피상적인 관계에 머물며
변화를 거부하는 사람의 시간은 그저 흘러가 버린다.

중요한 것은 얼마나 오래 사는지가 아니라
얼마나 깊이 사는가이다.

조언 출전 ｜ 장 자크 루소의 교육철학과 인간 본성에 관한 성찰에서 나온 발언

#시간의질 #의미있는경험 #깊이있는삶

유한함이 주는 무한한 소중함

존 키츠 (John Keats, 1795-1821)

죽음 후에는 아무것도 없을 수 있다.
그렇다면 이 순간이 더욱 소중하다.

There may be nothing after death.
If so, this moment becomes all the more precious[1].

영국 낭만주의의 대표 시인 존 키츠는 불과 25세의 나이에 결핵으로 세상을 떠났지만, 짧은 생애 동안 불멸의 시들을 남겼다. 《그리스 고대 항아리에 부치는 송가》, 《나이팅게일에게 부치는 송가》 등의 작품을 통해 아름다움과 진리의 영원성을 노래했다. 키츠는 의학을 공부했지만 시에 대한 열정으로 문학의 길을 택했으며, 자신의 이른 죽음을 예감하면서도 예술에 대한 사랑을 포기하지 않았다. 그는 종교적 확신보다는 인간적 의문을 품으며 살았고, 죽음 이후의 불확실성 앞에서도 현재 순간의 아름다움과 사랑의 가치를 더욱 깊이 느꼈다.

이 조언은 영원불멸에 대한 확신 없이도 현재의 삶을 최대한 충실하게 살고자 했던 그의 실존적 태도를 보여준다.

09 죽음과 삶에 관한 조언

죽음 이후에 무엇이 있는지는 아무도 확실히 알 수 없다.

종교는 천국을, 철학은 다양한 가능성을
과학은 뇌 활동의 중단을 이야기한다.

만약 이 생이 전부라면
지금 이 순간이야말로 우리가 가진 유일한 현실이다.

그렇다면 이 순간을 헛되이 보낼 이유가 있을까?
오히려 그 유한함이 현재를 더욱 귀중하게 만든다.

이러한 관점은 종교적 믿음과 충돌하지 않는다.

사후 세계를 믿든 믿지 않든, 현재 순간의 소중함은 변하지 않는다.

천국이 있다면 이 땅에서의 선한 삶이 더욱 의미 있을 것이고
환생이 있다면 이번 생의 경험이 다음 생에 영향을 미칠 것이며
아무것도 없다면 이 순간이 전부이므로 더욱 충실하게 살아야 한다.

어떤 가능성이든 결론은 같다.

조언 출전 | 존 키츠의 시와 편지에서 나타나는 삶과 죽음에 대한 성찰에서 파생된 철학적 통찰

1) precious : 소중한, 귀중한

#현재순간의소중함 #유한함의아름다움 #지금여기에집중

경험으로 채워가는 삶의 의미

버지니아 울프 (Virginia Woolf, 1882년-1941년)

삶의 목적은 삶을 온전히 살아내고,
경험을 최대한으로 맛보며,
새롭고 풍부한 경험을 향해 열망과 용기로 나아가는 것이다.

The purpose of life is to live it, to taste experience[1]
to the utmost[2], to reach out eagerly[3] and
without fear for newer and richer experience.

영국의 모더니즘 문학을 대표하는 작가 버지니아 울프는 20세기 초 문학의 새로운 지평을 연 혁신적 소설가였다. 《댈러웨이 부인》, 《등대로》, 《파도》 등의 작품을 통해 의식의 흐름 기법을 발전시키고 인간 내면의 복잡성을 깊이 탐구했다. 그녀는 또한 페미니즘 문학비평의 선구자로서 《자기만의 방》을 통해 여성 작가의 조건에 대해 날카롭게 분석했다. 울프는 평생 정신적 질환과 싸우며 살았지만, 그 고통 속에서도 삶의 미묘한 순간들과 인간 경험의 다층적 의미를 포착하는 데 천재적 재능을 보였다.

이 조언은 고정된 목적이나 의미를 추구하기보다는 삶 자체의 다양한 경험을 온전히 받아들이고 탐구하는 것이야말로 진정한 삶의 가치라는 그녀의 실존적 철학을 보여준다.

09 죽음과 삶에 관한 조언

많은 사람들이 삶의 의미를
어딘가에 숨겨진 보물처럼 찾으려 한다.

성공, 사랑, 명예, 종교적 깨달음과 같은 특정한 목표를
달성해야만 삶이 의미 있어진다고 생각하는 것이다.

하지만 울프가 말하는 삶의 의미는 따로 존재하는 것이 아니라
살아가는 과정 그 자체에 있다고 한다.

매일의 작은 경험들, 감정의 미묘한 변화들
다른 사람들과의 만남들, 예술 작품과의 조우들이
모두 삶을 풍요롭게 만드는 요소들이다.

거창한 성취를 이루지 못해도, 세상을 바꾸지 못해도
그저 다양한 경험을 통해 인간으로서의 살아가는 것만으로도
충분히 의미 있는 삶이다.

삶은 경험하기 위해 주어진 선물이다.
그 선물을 충분히 누려보자.

조언 출전 | 버지니아 울프의 소설과 에세이에서 나타나는 삶에 대한 철학적 성찰에서 파생된 문장

1) experience : 경험, 체험 2) utmost : 최대한, 극한까지 3) eagerly : 열망하며, 간절히

#다양한경험 #삶자체의의미 #능동적수용

삶을 사랑하는 지혜

프랜시스 베이컨 (Francis Bacon, 1561-1626)

죽음을 두려워하는 것은 삶을 낭비하는 것이다.
삶을 사랑하라.

To fear death is to waste[1] life.
Love life.

영국의 철학자이자 과학자, 정치가인 프랜시스 베이컨은 근대 과학적 방법론의 아버지로 불린다. 그는 《신기관(Novum Organum)》을 통해 경험적 관찰과 귀납법에 기반한 과학적 사고를 체계화했으며, "아는 것이 힘이다(Knowledge is power)"라는 유명한 말로도 알려져 있다. 베이컨은 또한 뛰어난 수필가로서 《수상록(Essays)》을 통해 인간의 본성과 삶의 지혜에 대한 예리한 통찰을 남겼다. 그는 중세적 사고에서 벗어나 이성과 경험을 중시하는 근대적 세계관을 확립하는 데 기여했다. 죽음에 대한 그의 관점도 종교적 두려움보다는 합리적 수용을 바탕으로 하며, 죽음의 공포에 사로잡혀 현재의 삶을 제대로 누리지 못하는 것을 경계했다.

이 조언은 죽음에 대한 과도한 두려움이 오히려 삶의 질을 떨어뜨린다는 그의 실용적 지혜를 보여준다.

09 죽음과 삶에 관한 조언

죽음에 대한 공포는
인간의 가장 원초적인 감정 중 하나다.
하지만 이 두려움이 지나치면
삶을 제대로 살아갈 수 없게 된다.

죽음은 언젠가 찾아올 것이다.
그러나 그 사실이 오늘을 덜 아름답게 만들지는 않는다.

오히려 오늘을 더욱 값지게 만든다.
두려움을 버리고 삶을 사랑하자.

삶을 사랑한다는 것은
그 불완전함과 유한함까지 포함하여
온전히 받아들이는 것이다.

그것이야말로
주어진 시간을 가장 의미 있게 사용하는 방법이다.

조언 출전 | 프랜시스 베이컨의 에세이 《죽음에 대하여(Of Death)》와 철학적 저술에서 나온 통찰

1) waste : 낭비하다, 헛되이 보내다

#죽음두려움극복 #삶에대한사랑 #현재에집중

유산으로 완성되는 삶의 의미

스티븐 코비 (Stephen Covey, 1932-2012)

삶의 목적은 당신의 유산을 만드는 것이다.
죽음은 당신의 유산을 완성하는 것이다.

The purpose of life is to create your legacy[1].
Death is the completion[2] of your legacy.

미국의 경영학자이자 자기계발 분야의 구루인 스티븐 코비는 전 세계 수천만 명에게 영향을 미친 사상가다. 그의 대표작 《성공하는 사람들의 7가지 습관》은 개인의 효율성을 넘어서 인격과 원칙에 기반한 리더십을 강조했다. 코비는 단순한 성공 추구보다는 의미 있는 삶과 타인에게 미치는 긍정적 영향을 중시했다. 그는 효과성의 개념을 생산성과 생산능력의 균형으로 정의하며, 장기적 관점에서 지속 가능한 성장을 추구했다. 또한 개인의 성장이 가족, 조직, 사회로 확산되는 영향력의 중요성을 강조했다.

이 조언은 개인의 삶이 단순히 개인만을 위한 것이 아니라 후세와 타인에게 남길 가치 있는 유산을 만드는 과정이라는 그의 철학적 관점을 보여준다.

09 죽음과 삶에 관한 조언

코비는 죽음을 끝이 아니라 완성이라고 말했다.

화가가 그림을 완성하고 붓을 놓는 것처럼
작가가 마지막 문장을 쓰고 펜을 내려놓는 것처럼
우리의 죽음 또한 삶이라는 작품을 완성하는 순간이다.

그렇다면 우리가 평생에 걸쳐 만들어가야 할 작품은 무엇인가?
바로 우리의 유산이다.

이 유산은 물질적인 것만을 의미하지 않는다.

우리가 다른 사람들에게 미친 영향, 전해준 가치
남긴 기억들이 모두 유산의 일부다.

오늘 가족에게 보여준 사랑, 동료에게 전해준 격려
후배에게 나눠준 조언, 사회를 위해 한 작은 기여들이 모두
유산의 구성 요소다.

그래서 유산을 만드는 일은 특별한 사람만 할 수 있는
거창한 것이 아니다.
평범한 사람도 자신만의 고유한 유산을 만들어갈 수 있다.

조언 출전 | 스티븐 코비의 저서 《성공하는 사람들의 7가지 습관(The 7 Habits of Highly Effective People)》과 리더십에 관한 철학에서 나온 통찰

1) legacy : 유산, 유업 2) completion : 완성, 완료

#삶의완성 #유산만들기 #생산영향력

죽음을 수용하는 삶의 철학

알베르 카뮈 (Albert Camus, 1913-1960)

삶의 유일한 철학은
죽음을 받아들이는 것이다.

The only true philosophy[1] of life
is to accept[2] death.

프랑스령 알제리 출신의 알베르 카뮈(1913~1960)는 소설가이자 철학자로, 흔히 실존주의와 나란히 언급되지만 스스로는 실존주의자라는 명칭을 거부하며 '부조리' 사유를 중심에 두었다. 그는 《이방인》, 《페스트》, 《시지프의 신화》 등을 통해 인간 존재의 무의미함과 죽음의 필연성을 직시하면서도 자살을 거부하고 '반항·자유·열정' 속에서 살아가야 한다는 태도를 제시했다. 1957년 노벨문학상을 수상했고, 1960년 교통사고로 요절했다. 따라서 카뮈에게 죽음은 공포의 회피 대상이 아니라 인간 조건의 일부이자 삶을 더욱 선명히 인식하게 하는 계기였으며, 이 조언은 죽음의 수용을 삶의 종착점이 아닌 삶을 살아내는 출발점으로 삼는 데에 핵심이 있다.

09 죽음과 삶에 관한 조언

죽음을 받아들인다는 것은
체념이나 절망을 뜻하지 않는다.

오히려 현실을 있는 그대로 인정하고
그 한계 내에서 어떻게 살아갈 것인가를 고민하는 것이다.

죽음의 그림자가 삶을 어둡게 만드는 것이 아니라
삶의 윤곽을 더욱 선명하게 드러내 준다.

카뮈가 말한 '부조리한 인간'은
죽음의 필연성을 인정하면서도
그것에 굴복하지 않고
자신만의 방식으로 살아가는 존재다.

시지프가 영원히 돌을 굴려 올려야 하는
운명을 받아들이면서도
그 과정에서 자신만의 의미를 찾는 것처럼 말이다.

조언 출전 | 알베르 카뮈의 부조리 철학과 실존주의적 사유에서 나온 통찰

1) philosophy : 철학, 인생관 2) accept : 받아들이다, 수용하다

#죽음의수용 #부조리한삶 #현실직시

변화하는 존재로서의 삶

질 들뢰즈 (Gilles Deleuze, 1925-1995)

삶은 끊임없는 생성과 소멸의 과정이다.
죽음은 그 과정의 일부다.

Life is a continuous[1] process of becoming[2]
and perishing[3]. Death is part of that process.

프랑스의 철학자 질 들뢰즈는 20세기 후반 포스트모던 철학의 가장 영향력 있는 사상가 중 한 명이다. 그는 펠릭스 가타리와 함께 《안티 오이디푸스》, 《천 개의 고원》 등을 저술하며 기존 철학의 고정된 개념들을 해체하고 "생성(becoming)"의 철학을 제시했다. 들뢰즈는 존재를 고정된 실체가 아닌 끊임없이 변화하고 흐르는 과정으로 이해했다. 그에게 삶은 안정된 상태가 아니라 지속적인 변화와 차이의 생산이었다. 스피노자, 니체, 베르그송의 영향을 받은 그는 생명력(vital force)과 창조적 진화를 강조했으며, 죽음조차도 삶의 창조적 과정의 한 측면으로 보았다.

이 조언은 삶과 죽음을 대립적 관계가 아닌 하나의 연속적 과정으로 이해하는 그의 생명철학의 핵심을 보여준다.

09 죽음과 삶에 관한 조언

우리는 삶과 죽음을 두 개의 대립하는 상태로 생각하는 경향이 있다.

삶은 좋은 것이고 죽음은 나쁜 것이라거나
삶은 시작이고 죽음은 끝이라고 단순하게 구분하는 것이다.

하지만 들뢰즈는 이러한 이분법적 사고를 넘어선다.

삶 자체가 이미 죽음을 포함하고 있고
죽음 또한 새로운 생성의 조건이 된다는 것이다.

우리 몸의 세포들은 매 순간 죽고 새로 생겨나며
우리의 생각과 감정 역시 끊임없이 변화한다.

과거의 나는 이미 죽었고, 새로운 나가 계속해서 태어난다.

이런 관점에서 보면 죽음은 삶과 분리된 사건이 아니라
삶의 한복판에서 일어나는 지속적인 과정이다.

조언 출전 | 질 들뢰즈의 철학적 저술과 생성 철학에 관한 사상의 핵심을 함축적으로 표현한 통찰

1) continuous : 연속적인, 끊임없는 2) becoming : 생성, 되어가는 것
3) perishing : 소멸, 사라짐

#생성과소멸 #끊임없는변화 #생명의흐름

선택으로 완성되는 인생의 의미

장 폴 사르트르 (Jean-Paul Sartre, 1905-1980)

인생은 우리가 하는 모든 선택의 결과다.
죽음은 그 선택의 마지막이다.

Life is the result[1] of all the choices we make.
Death is the final[2] choice.

프랑스의 철학자이자 소설가, 극작가인 장 폴 사르트르는 20세기 실존주의의 대표적 인물이다. 그는 《존재와 무》, 《구토》, 《출구 없음》 등의 작품을 통해 인간의 자유와 책임, 선택의 무게에 대해 깊이 탐구했다. 사르트르에게 인간은 "존재가 본질에 앞선다"는 존재로서, 미리 정해진 본성이나 목적 없이 세상에 던져진 후 자신의 선택을 통해 스스로를 만들어가는 존재였다. 그는 "인간은 자유롭도록 선고받았다"고 말하며, 모든 상황에서 선택할 수 있는 자유와 그에 따른 전적인 책임을 강조했다.

이 조언은 죽음조차도 인간이 맞이하는 최종적 선택의 순간이며, 그 이전까지의 모든 선택들이 한 인간의 삶을 구성한다는 그의 실존주의적 인간관을 보여준다.

우리는 매 순간 선택한다.

아침에 어떤 옷을 입을지부터 인생의 중대한 결정까지
하루에도 수없이 많은 선택을 한다.

사르트르는 이런 선택들이 단순히 일상적인 결정이 아니라
자신이 어떤 사람이 될지를 결정하는 실존적 행위라고 보았다.

친절하게 행동하면 친절한 사람이 되고
용기 있게 행동하면 용기 있는 사람이 된다.

우리의 본질은 미리 정해져 있지 않고
선택을 통해 만들어지는 것이다.
그래서 "나는 원래 이런 사람이야"라는 변명은 통하지 않는다.

지금까지의 선택이 현재의 나를 만들었고
앞으로의 선택이 미래의 나를 만들어 갈 것이다.

조언 출전 | 장 폴 사르트르의 실존주의 철학과 자유에 관한 사상에서 나온 통찰

1) result : 결과, 산물 2) final : 마지막의, 최종의

#선택의책임 #실존적자유 #자기창조

예술로 영원을 만드는 삶

마르셀 뒤샹 (Marcel Duchamp, 1887-1968)

인생은 덧없다. 하지만 예술은 영원하다.
예술을 통해 삶을 살아라.

Life is ephemeral[1]. But art is eternal[2].
Live life through art.

프랑스 태생의 미국 예술가 마르셀 뒤샹은 20세기 현대미술의 혁명가로 불린다. 그는《계단을 내려오는 누드 No.2》로 입체파의 한계를 넘어섰고, 기성품을 예술 작품으로 제시한《샘》으로 예술의 정의 자체를 바꾸어놓았다. 뒤샹은 다다이즘과 초현실주의 운동에 깊이 관여하며 예술의 경계를 허물고 개념미술의 길을 열었다. 그는 예술이 단순히 아름다운 것을 만드는 것이 아니라 기존의 관념을 전복하고 새로운 사고를 유발하는 것이라고 보았다. 말년에는 체스에 몰두하며 예술과 삶의 경계를 모호하게 만들었다.

이 조언은 개인적 존재의 유한함을 인정하면서도 창조적 행위를 통해 영속성을 추구할 수 있다는 그의 예술관을 보여준다.

09 죽음과 삶에 관한 조언

인간의 삶은 찰나에 불과하다.
역사의 긴 흐름에서 보면 개인의 일생은
순식간에 지나가는 한순간이다.

하지만 뒤샹이 발견한 것은 예술의 불멸성이다.
레오나르도 다빈치는 500년 전에 죽었지만
《모나리자》는 여전히 살아있다.
베토벤의 육체는 사라졌지만 그의 음악은 계속 연주된다.

예술 작품은 창작자의 죽음을 넘어서 영원히 살아남아
후대 사람들과 소통하는 것이다.
예술은 인간이 죽음의 유한성을 극복할 수 있는
거의 유일한 방법이다.

물질적 소유나 권력은 죽음과 함께 사라지지만
진정한 예술적 창조는 시간을 초월한다.

조언 출전 | 마르셀 뒤샹의 예술 철학과 다다이즘 운동에서 나온 사상적 통찰

1) ephemeral : 덧없는, 일시적인 2) eternal : 영원한, 불멸의

#예술적삶 #창조적태도 #영원한가치

10

운명과 초월에 관한 조언

많은 사람들이 운명을 미리 정해진 길이라고 생각하지만
진정한 운명은 우리가 매 순간
어떤 선택을 하느냐에 따라 새롭게 쓰이는 이야기다.
우리가 바로 그 이야기를 쓰는 작가다.
스스로의 껍데기를 깨고 내면에 숨겨진 진짜 나를 발견하는 순간
우리는 비로소 운명의 주인이 된다.

그런데 흥미롭게도 우리의 운명은 홀로 완성되지 않는다.
타인이라는 거울을 통해 우리는 새로운 나를 발견하고
타인을 위한 작은 배려가 운명의 새로운 페이지를 열어준다.
마음속 깊은 곳에서 울리는 목소리와 타인과의 진실된 만남이
기적 같은 변화를 만들어낸다.

변화하는 운명, 실현 가능한 성장.
이 진실을 받아들일 때
우리는 현실에 갇히지 않고 더 높은 곳으로 나아갈 수 있다.
결국, 우리의 길은 아무도 모르는 미지의 여정이다.
그 길 위에서 더 나은 선택을 하는 것
그것이 바로 운명을 초월하는 가장 위대한 행동이다.

의식적 선택으로 만드는 운명

바바라 마르크스 허버드 (Barbara Marx Hubbard, 1929-2019)

우리는 자연선택에 의한 무의식적 진화에서
선택에 의한 의식적 진화로 나아가고 있다.

We are moving from unconscious[1] evolution[2] through natural selection to conscious evolution by choice.

미국의 미래학자이자 진화론적 사상가인 바바라 마르크스 허버드는 "의식적 진화"의 개념을 창시한 선구적 인물이다. 그녀는 인류가 생물학적 진화를 넘어서 의식적으로 자신의 진화 방향을 선택할 수 있는 단계에 이르렀다고 주장했다. 《의식적 진화(Conscious Evolution)》, 《탄생 2012(Birth 2012)》 등의 저서를 통해 개인과 인류 전체가 적극적인 공동 창조자가 될 수 있다는 비전을 제시했다. 그녀는 NASA와 협력하여 우주 탐험의 의미를 탐구했으며, 1984년 부통령 후보로 지명되기도 했다. 허버드는 운명론적 사고를 거부하고 인간이 자신의 미래를 능동적으로 설계할 수 있다는 낙관적 미래관을 평생 주창했다.

이 조언은 수동적 운명론에서 벗어나 적극적 자기 창조의 주체가 되어야 한다는 그녀의 핵심 철학을 보여준다.

10 운명과 초월에 관한 조언

수백만 년 동안 생명체는 자연선택의 법칙에 따라 진화해왔다.

환경에 더 잘 적응한 개체가 살아남고 번식하며
그렇지 못한 개체는 도태되는 무의식적인 과정이었다.

인간 또한 오랫동안 이러한 자연의 법칙에 따라 진화했다.
하지만 허버드는 인류가 이제 새로운 단계에 접어들었다고 본다.

과학기술의 발달과 의식의 확장으로
우리는 더 이상 환경의 변화에 수동적으로 반응하는 존재가 아니다.

이제 진화의 방향을 스스로 선택할 수 있는 능력을 갖게 된 것이다.
이것이 바로 의식적 진화의 시작이다.

의식적 진화란 미래를 우연에 맡기지 않고
의도적으로 설계하는 것을 의미한다.

우리는 어떤 미래를 원하는지 결정하고
그 미래를 실현하기 위해 행동할 수 있다.

조언 출전 | 《의식적 진화 Conscious Evolution》(New World Library 개정판 서술 및 인용집)

1) unconscious : 무의식적 2) evolution : 진화

#의식적선택 #운명의창조 #능동적삶

내 안에 숨어있는 보물

루미 (Rumi, 1207-1273)

당신이 찾는 것은 이미 당신 안에 있다.

What you seek[1] is already within[2] you.

13세기 페르시아의 수피 신비주의 시인이자 이슬람 학자인 루미는 인류 역사상 가장 사랑받는 영적 스승 중 한 명이다. 본명은 잘랄 웃딘 무함마드 발히였으며, 현재의 아프가니스탄에서 태어나 터키 코니아에서 활동했다. 그의 시는 신과 인간, 사랑과 영성, 분리와 합일에 대한 깊은 통찰을 담고 있으며, 문화와 종교를 초월하여 전 세계 사람들에게 영감을 주고 있다. 루미는 회전 춤으로 유명한 수피 교단 메블레비 교단의 창시자이기도 하다. 그의 가르침의 핵심은 신성(神性)이 외부에 있는 것이 아니라 인간 내면에 이미 존재한다는 것이었다.

이 조언은 우리가 밖에서 찾으려 하는 모든 것들(사랑, 평화, 지혜, 행복)이 실제로는 우리 내면에 이미 갖춰져 있다는 수피 신비주의의 핵심 가르침을 보여준다.

10 운명과 초월에 관한 조언

우리는 평생에 걸쳐 무언가를 찾아 헤맨다.
사랑, 행복, 의미, 평화를 찾아 끊임없이 외부로 눈을 돌린다.

하지만 우리가 간절히 찾는 모든 것이 이미 우리 안에 있다.
외부의 조건들은 단지 그것을 발견하고 표현하는
기회를 제공할 뿐이다.

진정한 보물은 내면의 탐험을 통해서만 발견할 수 있다.
물론, 내면을 들여다본다는 것은 쉬운 일이 아니다.

분노, 두려움, 욕망, 집착 같은 감정들이
구름처럼 내면의 맑은 하늘을 가린다.
하지만 구름은 일시적이고, 하늘은 영원하다.

명상이나 성찰, 조용한 사색을 통해 이러한 구름을 걷어내면
원래의 맑은 마음을 되찾을 수 있다.

조언 출전 ｜ 루미의 수피 신비주의 시와 영적 가르침에서 나온 핵심 통찰

1) seek : 찾다, 추구하다 2) within : 안에, 내부에

#내면의지혜 #자기탐구 #내적평화

타인의 얼굴에서 발견하는 운명

에마뉘엘 레비나스 (Emmanuel Levinas, 1906-1995)

나의 운명은 타인의 얼굴에 있다.
나는 타인을 통해 나의 운명을 초월한다.

My destiny[1] is in the face of the Other[2].
I transcend[3] my destiny through the Other.

리투아니아 출신의 프랑스 철학자 에마뉘엘 레비나스는 20세기 가장 중요한 윤리학자 중 한 명이다. 홀로코스트의 생존자이기도 한 그는 《전체성과 무한》, 《타자성과 다르게 존재하기》 등의 저작을 통해 기존의 존재론적 철학을 넘어서는 윤리학을 제시했다. 레비나스에게 철학의 출발점은 "나"가 아니라 "타인"이었다. 그는 타인의 얼굴과의 대면에서 절대적 윤리적 요청이 발생한다고 보았으며, 이것이 모든 철학과 존재의 근본이라고 주장했다. 특히 타인의 얼굴에 나타나는 취약함과 무한성이 "나"로 하여금 자기중심적 존재에서 벗어나 진정한 인간이 되게 한다고 보았다.

이 조언은 개인의 운명이 고립된 자아 완성이 아니라 타인과의 윤리적 관계 속에서 실현된다는 그의 혁명적 사상을 보여준다.

10 운명과 초월에 관한 조언

레비나스의 통찰 중 가장 놀라운 것은
'운명의 초월'이라는 개념이다.

보통 운명을 받아들이고 따르는 것이
인생이라고 생각하지만
레비나스는 진정한 인간이
자신의 운명을 초월한다고 말한다.

어떻게?
타인을 위해 기꺼이 자신의 운명을 바꿀 수 있을 때다.

내 계획과 목표보다 타인의 기대가 더 중요해질 때
내 성공보다 타인의 행복이 더 소중해질 때
우리는 운명의 제약을 뛰어넘는 것이다.

이것은 희생이 아니라 해방이다.
자기중심적인 존재의 한계에서 벗어나
무한한 가능성의 영역으로 나아가는 것이다.

조언 출전 | 에마뉘엘 레비나스의 윤리학 철학과 타자론에 관한 지술에서 나온 핵심 사상

1) destiny : 운명, 숙명 2) other : 타인 3) transcend : 초월하다, 뛰어넘다

#타인과의관계 #윤리적책임 #운명의초월

노력으로 만드는 운명의 초월

마이클 조던 (Michael Jordan, 1963-)

운명은 노력의 결과다.
나는 운명을 초월하기 위해 노력했다.

Destiny is the result[1] of effort[2].
I worked to transcend[3] my destiny.

"농구의 신"이라 불리는 마이클 조던은 NBA 역사상 가장 위대한 선수로 평가받는다. 그는 시카고 불스에서 6차례 우승을 이끌었고, 5차례 MVP를 수상했으며, 전 세계적으로 농구를 대중화시킨 아이콘이다. 하지만 조던의 성공 스토리는 처음부터 순탄하지 않았다. 고등학교 때 농구팀에서 탈락하기도 했고, 대학 시절에도 항상 주목받는 선수는 아니었다. 그러나 그는 끊임없는 노력과 완벽주의적 태도로 자신의 한계를 뛰어넘었다. 조던에게 재능은 출발점일 뿐이었고, 진정한 차이를 만든 것은 남들보다 더 많이, 더 치열하게 연습하는 노력이었다.

이 조언은 주어진 조건이나 예측된 미래에 안주하지 않고 지속적인 노력을 통해 새로운 가능성을 창조한 그의 철학을 보여준다.

10 운명과 초월에 관한 조언

"나는 통산 9,000번이 넘는 슛을 놓쳤고,
거의 300번의 경기에서 졌다.
26번이나 승패를 결정짓는
위닝샷을 던질 기회가 있었지만 실패했다.
나는 평생에 걸쳐 실패했고
실패했고 또 실패했다."

하지만 조던은 그 실패를 좌절로 받아들이지 않았다.
대신 그는 더 열심히 연습했고, 더 강해졌으며
결국 세계 최고의 농구 선수가 되었다.

이것이 바로 노력으로 운명을 바꾼 사례다.

많은 사람들이 마이클 조던을 보며
"타고난 천재"라고 말한다.
하지만 정작 조던 자신은 다르게 생각했다.
그에게 운명이란 정해진 것이 아니라
만들어 가는 것이었다.

조언 출전 | 마이클 조던의 농구 철학과 성공에 대한 인터뷰에서 나온 발언

1) result : 결과, 산물 2) effort : 노력, 애씀 3) transcend : 초월하다, 뛰어넘다

#노력으로만든성공 #한계극복 #운명의주인

무의식을 통해 운명을 초월하는 길

칼 융 (Carl Jung, 1875-1961)

운명이란 우리가 의식하지 못하는 무의식의 목소리다.
개인의 운명을 초월하려면
먼저 그것을 완전히 받아들여야 한다.

Fate is the voice of the unconscious that we do not
recognize[1]. To transcend[2] personal fate,
one must first accept it completely[3].

스위스의 정신과 의사이자 심리학자인 칼 융은 분석심리학의 창시자로, 프로이트와 함께 현대 심리학의 기초를 확립한 인물이다. 그는 집단무의식, 원형, 개성화, 그림자 등의 개념을 통해 인간 정신의 깊은 층을 탐구했다. 융에게 운명은 단순히 외부에서 주어지는 것이 아니라 개인의 무의식 깊은 곳에서 나오는 내적 필연성이었다. 그는 개인이 진정한 자아실현(개성화)에 이르기 위해서는 자신의 그림자를 포함한 모든 측면을 통합해야 한다고 보았다. 이 과정에서 운명을 거부하거나 회피하는 것이 아니라 온전히 받아들일 때 비로소 그것을 초월할 수 있다는 역설적 지혜를 제시했다.

이 조언은 의식적 자아가 아닌 더 깊은 무의식의 차원에서 진정한 변화와 초월이 일어난다는 그의 심층심리학적 통찰을 보여준다.

10 운명과 초월에 관한 조언

진정한 운명은 우리 내면 깊은 곳
의식이 닿지 않는 무의식의 영역에서 비롯된다.

반복되는 관계 패턴, 끊임없이 겪게 되는 비슷한 상황들
피할 수 없는 것처럼 느껴지는 선택들 모두 무의식의 목소리다.

예를 들어 항상 같은 유형의 사람에게 끌리거나
비슷한 문제로 고민하거나
특정한 상황에서 예측 가능한 반응을 보이는 것들이다.

이러한 패턴은 우연이 아니라 무의식이 우리에게 전하려는 메시지다.

자신의 성격적 한계, 반복되는 문제들
피할 수 없는 것처럼 보이는 상황을 온전히 받아들일 때
그 안에 숨겨진 의미를 발견할 수 있다.

그리고 그 의미를 이해하면 같은 패턴을
다른 방식으로 살아갈 수 있게 된다.

조언 출전 | 칼 융의 분석심리학과 개성화 과정에 관한 저술에서 나온 핵심 통찰

1) recognize : 인식하다, 알아차리다 2) transcend : 초월하다, 뛰어넘다
3) completely : 완전히, 전적으로

#무의식의목소리 #운명의수용 #개성화과정

각성으로 바꾸는 운명의 흐름

라마나 마하리시 (Ramana Maharshi, 1879-1950)

운명이란 과거의 행동이 만든 결과다.
하지만 현재의 각성을 통해 미래의 운명을 바꿀 수 있다.

Destiny[1] is the result of past actions[2]. But through present awareness[3], one can change future destiny.

인도의 성자 라마나 마하리시는 20세기 가장 영향력 있는 영적 스승 중 한 명이다. 16세에 갑작스러운 깨달음을 경험한 후 평생을 아루나찰라 산에서 보내며 수많은 구도자들을 지도했다. 그의 가르침의 핵심은 "나는 누구인가?"라는 자기 탐구(Self-inquiry)였다. 라마나는 아드바이타(非二元) 베단타 전통에 따라 진아(眞我)의 실현을 통한 해탈을 가르쳤지만, 동시에 업(카르마)의 법칙도 인정했다. 그에게 운명은 과거 생들을 포함한 이전 행동들의 결과로 나타나는 것이지만, 진정한 각성 상태에서는 그 운명조차 초월할 수 있다고 보았다.

이 조언은 결정론적 운명관과 자유의지 사이의 균형을 제시하며, 영적 각성의 변혁적 힘을 강조하는 그의 실용적 지혜를 보여준다.

10 운명과 초월에 관한 조언

라마나가 강조한 자기 탐구는 각성을 위한 핵심적인 방법이다.

"나는 누구인가?"라는 질문을 통해
거짓된 자아 동일시에서 벗어나 진정한 자아를 발견하는 것이다.

몸과 마음이 진정한 '나'가 아니라는 것을 깨달을 때
그동안 우리를 지배해 온 운명의 패턴들 또한
실체가 없다는 것을 알게 된다.

진정한 '나'의 관점에서 보면 모든 운명은 꿈과 같은 것이다.

꿈에서 깨어나듯이 진정한 각성이 일어나면
운명의 속박에서 자유로워진다.

이것은 세상을 등지라는 뜻이 아니라
더욱 의식적이고 자유롭게 세상과 관계하라는 뜻이다.

조언 출전 | 라마나 마하리시의 영적 가르침과 아드바이타 베단타 철학에서 나온 통찰

1) destiny : 운명, 숙명 2) action : 행동, 행위 3) awareness : 각성, 의식

#현재의각성 #업보와자유의지 #진아실현

변화 가능한 운명, 실현 가능한 초월

토니 모리슨 (Toni Morrison, 1931-2019)

우리는 우리의 운명을 바꿀 수 있다.
초월은 불가능한 것이 아니다.

We can change our destiny[1].
Transcendence[2] is not impossible[3].

미국의 소설가 토니 모리슨은 아프리카계 미국인 여성 최초로 노벨문학상을 수상한 작가다. 《빌러비드》, 《솔로몬의 노래》, 《재즈》 등의 작품을 통해 노예제의 트라우마와 인종차별의 현실을 깊이 있게 탐구하면서도 인간의 존엄성과 회복력을 강조했다. 모리슨의 문학은 절망적 현실 속에서도 희망을 잃지 않는 인간의 힘을 보여준다. 그녀는 역사적 억압과 사회적 제약이 개인의 운명을 결정하는 것처럼 보이지만, 인간에게는 그런 조건들을 뛰어넘을 수 있는 내적 힘이 있다고 믿었다. 특히 아프리카계 미국인 공동체의 이야기를 통해 집단적 트라우마를 개인적 치유와 사회적 변화로 승화시킬 수 있음을 보여주었다.

이 조언은 주어진 조건에 굴복하지 않고 새로운 가능성을 창조해낸 그녀 자신의 삶과 작품 세계를 관통하는 핵심 철학을 담고 있다.

10 운명과 초월에 관한 조언

'초월이 가능하다'는 믿음은 단순히 낙관적인 생각이 아니다.
현실의 어려움을 부정하거나 무시하는 것도 아니다.
오히려 현실을 정확하게 인식하면서도 그것에 매몰되지 않는 것이다.

토니 모리슨의 소설이 노예제의 참혹함을 가감 없이 드러내면서도
절망으로 끝나지 않는 이유가 바로 여기에 있다.

절망적인 현실 속에서도 인간의 존엄성과 희망은
결코 사라지지 않는다는 메시지를 전달하는 것이다.

인간에게는 고통을 의미로 승화시키고, 상처를 치유의 힘으로 바꾸며
절망을 희망으로 전환시킬 수 있는 놀라운 능력이 있다.

끔찍한 사건을 겪은 뒤에도 삶을 계속 살아갈 용기를 얻고
과거의 아픔을 통해 다른 사람을 이해하는
공감 능력을 키우는 것처럼 말이다.

조언 출전 | 토니 모리슨의 소설과 아프리카계 미국인 경험에 관한 사회적 메시지에서 나온
희망의 철학

1) destiny : 운명, 숙명 2) transcendence : 초월, 승화 3) impossible : 불가능한

#운명의변화 #초월의가능성 #희망의실현

영적 존재로서의 인간적 여정

테야르 드 샤르댕 (Pierre Teilhard de Chardin, 1881-1955)

우리는 영적 경험을 하는 인간이 아니라
인간적 경험을 하는 영적 존재다.

We are not human beings[1] having a spiritual[2] experience[3]. We are spiritual beings having a human experience.

프랑스의 예수회 신부이자 고생물학자, 철학자인 테야르 드 샤르댕은 과학과 종교를 융합하려 시도한 독창적 사상가다. 그는 《인간 현상》을 통해 진화론과 기독교 신학을 조화시키려 했으며, 물질에서 정신으로, 개체에서 전체로 향하는 진화의 방향성을 제시했다. 그의 핵심 개념인 "오메가 포인트"는 우주 진화의 궁극적 목표점으로서의 신적 의식을 의미한다. 샤르댕은 인간을 단순히 물질적 존재로 보지 않고, 우주 진화 과정에서 의식이 발현된 영적 존재로 보았다. 그에게 물질과 정신, 과학과 종교, 진화와 창조는 대립하는 것이 아니라 하나의 통합된 현실의 다른 측면들이었다.

이 조언은 인간 존재의 본질에 대한 그의 혁명적 관점을 보여주며, 일상적 경험을 영적 여정으로 승화시키는 사고의 전환을 제시한다.

10 운명과 초월에 관한 조언

우리는 대개 우리 자신을 물질적 존재라고 생각한다.
몸이 먼저 있고, 그 안에
마음이나 정신이 들어있다고 여기는 것이다.
그리고 물질적인 몸을 가진 인간이
영적인 깨달음을 얻기 위해 노력하는 것으로 본다.

하지만 드 샤르댕은 우리의 본질이 '영적인 존재'에
있음을 강조하며, 인간의 삶은 그 본질적인 영혼이 잠시
지구라는 무대에서 펼치는 '인간적 경험'이라고 정의했다.

이러한 관점은 우리의 삶을 바라보는 시각을
근본적으로 변화시킨다.

우리가 영혼을 가진 존재임을 깨닫는다면
삶의 목적은 단순히 잘 먹고 잘 사는 것이 아니라
사랑하고, 봉사하고, 용서하며
우리 안에 있는 신성한 빛을 발현하는 것이 된다.

조언 출전 | 테야르 드 샤르댕의 신학적 철학과 진화론적 영성에 관한 저술에서 나온 통찰
1) being : 존재 2) spiritual : 영적인, 정신적인 3) experience : 경험, 체험

#영적존재의인간경험 #일상의영적의미 #의식의진화

타인을 배려하는 자유로운 운명

존 스튜어트 밀 (John Stuart Mill, 1806-1873)

인간의 운명은 타인에게 해를 끼치지 않는 한
초월될 수 있다.

Human destiny[1] can be transcended[2],
so long as it does not harm[3] others.

영국의 철학자이자 경제학자, 정치학자인 존 스튜어트 밀은 19세기 자유주의의 대표적 사상가다. 그는 《자유론》을 통해 개인의 자유와 사회의 권위 사이의 균형점을 제시했으며, 《공리주의》에서는 "최대 다수의 최대 행복"이라는 윤리적 원칙을 체계화했다. 밀의 자유론에서 핵심은 "해악 원칙(harm principle)"으로, 개인이 자신의 삶을 자유롭게 살 권리는 타인에게 해를 끼치지 않는 선에서 보장되어야 한다는 것이다. 그는 또한 여성의 권리를 옹호한 초기 페미니스트이기도 했다.

이 조언은 개인의 자기실현과 운명 초월의 가능성을 인정하면서도, 그것이 사회적 책임과 타인에 대한 배려와 균형을 이뤄야 한다는 그의 성숙한 자유주의 철학을 보여준다.

10 운명과 초월에 관한 조언

개인의 초월 과정에서 우리는 항상
타인의 행복과 안전을 고려해야 한다.

개인의 꿈을 추구하되 가족을 희생시키지 않는 것
사업적 성공을 이루되 사회적 책임을 다하는 것
자아실현을 하되 공동체의 가치도 존중하는 것
이 모든 것이 밀의 원칙과 맞닿아 있다.

또한 SNS 시대에 개인의 표현의 자유가 확장되었지만
그것이 타인에게 상처를 주거나 사회에
해악을 끼쳐서는 안 된다는 원칙도 여전히 중요하다.

지금 당신이 추구하는 자유나 꿈이 있다면
그것이 타인에게 어떤 영향을 미치는지도 함께 생각해 보자.

조언 출전 | 존 스튜어트 밀의 《자유론(On Liberty)》과 공리주의 철학에서 나온 자유의 원칙

1) destiny : 운명, 숙명 2) transcended : 소월되다, 뛰어넘어지다
3) harm : 해를 끼치다, 손상시키다

#타인을배려하는자유 #사회적책임 #조화로운초월

별의 인도를 받는 자신만의 길

단테 알리기에리 (Dante Alighieri, 1265-1321)

네 길을 계속 가라. 사람들이 무엇을 말하든 상관없이.
별들이 너를 이끌 것이다.

Go your own way. Let people talk.
The stars will guide you.

이탈리아의 대시인 단테 알리기에리는 중세 문학의 거장이자 이탈리아어 문학의 아버지로 불린다. 그의 불멸의 작품 《신곡》은 지옥, 연옥, 천국을 여행하는 영혼의 구원 서사시로, 개인적 구원과 우주적 질서를 결합한 걸작이다. 단테는 피렌체의 정치적 갈등 속에서 유배를 당해 평생을 떠돌며 살았지만, 그 고난 속에서도 자신의 문학적 소명을 포기하지 않았다. 중세 시대에 별들은 신의 뜻을 나타내는 우주적 질서의 상징이었으며, 개인의 운명과 영혼의 여정을 인도하는 신성한 힘으로 여겨졌다.

이 조언은 세속적 비판이나 사회적 압력에 굴복하지 않고 자신의 내적 소명과 우주적 질서를 따라 살아가라는 단테의 삶의 철학을 보여준다.

10 운명과 초월에 관한 조언

"별들이 너를 이끌 것이다"라는 표현은
단순한 점성술적 믿음이 아니다.

중세 시대에 별은 신의 질서와 우주적 조화를 상징했다.
즉, 개인의 진정한 소명과 목적이 우주의 더 큰 계획과
연결되어 있다는 의미다.

자신의 내면의 목소리에 귀 기울이고
진정한 가치를 추구할 때
우주의 힘이 도움을 준다는 믿음인 것이다.

당신의 내면에 있는 별을 믿고 계속 걸어가자.
진정한 길은 항상 외롭지만
별들이 당신을 이끌 것이다.

조언 출전 | 단테의 《신곡(Divine Comedy)》과 중세 우주관에 기반한 운명론적 사상에서 나온 통찰

#자신만의길 #내적소명 #우주적인도

| 에필로그

진정으로 독자에게
가닿는 책을 위하여

10여 년간 도서 홍보 일을 하며 수많은 책을 만났다. 책의 탄생부터 소멸까지 가장 가까이에서 지켜보며 깨달은 점은, 아무리 좋은 책이라도 독자의 손에 닿지 않으면 의미가 없다는 것이었다. 그동안 홍보했던 책들은 물론, 개인적으로 구매했던 책들 중 절반 이상은 끝까지 읽었지만, 어떤 책은 중간중간 훑어 읽었고 또 어떤 책은 아직까지 시작조차 하지 못했다.

반면, 어떤 책들은 세 번 이상 정독하고, 여백에 빼곡히 메모하며 밑줄을 그어가며 읽었다. 이 책들은 나에게 단순한 정보를 넘어 삶의 지혜와 깊은 울림을 주었고, 삶의 방향이 흔들리거나 용기가 필요할 때마다 다시 찾아보게 되는 그런 책들이었다.

나는 바로 그런 책을 쓰고 싶었다. 독자의 책장에서 먼지만 쌓이는 책이 아니라, 삶의 한 조각이 되어 언제든 다시 꺼내 읽히는 책을.

사실 처음에는 첫 책에 대한 욕심이 컸다. 내가 가진 모든 것을 쏟아붓고 싶어 글의 분량은 지금보다 두 배 이상 많았고, 더 많은 정보와 생각을 담았다. 원고를 거의 마무리할 무렵, 한 출판사 사장으로부터 매년 10만 부 이상의 책을 폐지로 처분한다는 이야기를 접했다. 한 출판사에서만 10만 부라고 하면, 매년 폐기되는 도서가 최소 수백만 부는 될 것으로 추정된다. 아무리 좋은 책이라도 읽히지 않으면 과연 무슨 의미가 있을까? 그때 생각이 바뀌었다. 어떻게든 독자에게 가닿는 책을 만들어야겠다는 목표가 분명해졌다. 그러려면 무엇보다 읽기 쉽고, 누구나 쉽게 공감할 수 있는 책이 되어야 한다고 생각했다.

그래서 완성된 원고를 과감히 수정하기 시작했다. 군더더기를 걷어내고, 내가 말하고 싶은 것보다 독자에게 도움이 되는 내용을 담았다. 내 생각을 덧붙이는 대신, 독자가 스스로 깨달을 수 있도록 여백을 남겼다. 위대한 인물들의 조언도 원문 그대로 인용하기보다, 핵심 의미를 살리면서도 현대 독자들이 쉽게 공감할 수 있는 표현으로 다듬었다. 최대한 어려운 개념은 피하고 누구나 완독할 수 있도록 문장 하나하나에 공을 들였다.

나는 이 책이 완독을 넘어, 당신의 삶에서 마음이 흔들릴 때나 새로운 결심이 필요할 때 다시 꺼내 읽는 작은 동반자가 되기를 바란다. 그리고 이 책에 담긴 지혜와 조언들이 당신의 삶에 작은 변화의 씨앗이라도 남기기를 진심으로 바란다.

당신의 삶을 근본적으로 변화시킬 100가지 질문
초역 100인의 조언

초판 인쇄 2025.09.15.
초판 발행 2025.09.21.

지은이 디엔에이
발행인 곽동남
디자인 윤지은

발행처 데일리뉴액션
등록 2025년 6월 16일 제559-2025-000018호
주소 경기도 양주시 옥정동로7다길 12-21 403호 (옥정동)
전화 0507-0178-8197

데일리뉴액션   매일의 변화가 당신의 변화를 돕기를

블로그   blog.naver.com/dnadviser
인스타그램   instagram.com/daily_new_action
스마트스토어   smartstore.naver.com/dnacom

책 값은 뒤표지에 있습니다
ISBN 979-11-993275-1-1

저작권자
이 책 내용의 일부 또는 전부를 재사용하려면 반드시 데일리뉴액션의 동의를 얻어야 합니다.